"The Wheel" Estratégia de Trade de Opções

Uma estratégia comprovada para obter lucro em trades de forma sistemática, repetível e consistente.

Por Markus Heitkoetter
Traduzido por Patricio Luz

 ISBN 978-1-7360829-7-3

As informações nesta publicação contém "declarações prospectivas" de acordo com o significado da Seção 27A do Securities Act de 1933 e da Seção 21B do Securities Exchange Act de 1934. Quaisquer declarações que expressem ou envolvam discussões a respeito de previsões, objetivos, expectativas, crenças, planos, projeções, objetivos, suposições ou eventos futuros ou desempenho não são declarações de fatos históricos e podem ser "declarações prospectivas". As declarações prospectivas são baseadas em expectativas, estimativas e projeções no momento em que as declarações são feitas e envolvem uma série de riscos e incertezas que podem fazer com que os resultados ou eventos reais sejam materialmente diferentes daqueles atualmente previstos. Investir envolve tanto o risco de perda quanto a possibilidade de lucro. Todos os investimentos envolvem riscos e todas as decisões de investimento de um indivíduo permanecem sob sua responsabilidade. O investimento em opções e ações envolve risco e não é adequado para todos os investidores. O desempenho passado não garante resultados futuros. Nenhuma declaração neste livro deve ser interpretada como uma recomendação para comprar ou vender um título. O autor e o editor deste livro não podem garantir que as estratégias descritas neste livro serão lucrativas e não serão responsabilizados por quaisquer perdas comerciais possíveis relacionadas a essas estratégias.

Todas as informações fornecidas nesta publicação relativas a investimentos, opções, ações e títulos são informações educacionais e não conselhos de investimento. A Rockwell Trading não é uma consultora de investimentos e recomenda que todos os leitores e assinantes busquem orientação de um representante de valores mobiliários profissional registrado antes de decidirem investir em ações e opções apresentadas nesta publicação. Nenhum dos materiais desta publicação deve ser interpretado como qualquer tipo de conselho de investimento. Os leitores desta publicação são advertidos a não depositar confiança indevida em declarações prospectivas, que são baseadas em certas suposições e expectativas envolvendo vários riscos e incertezas que podem fazer com que os resultados sejam materialmente diferentes daqueles estabelecidos nas declarações prospectivas. Informamos que nada nesta publicação deve constituir uma solicitação ou um convite para comprar ou vender qualquer título aqui mencionado. O autor desta publicação não é um consultor de investimentos registrado nem afiliado a qualquer corretor ou distribuidor.

Embora todas as precauções tenham sido tomadas na preparação desta publicação, o editor e o autor não assumem qualquer responsabilidade por erros e omissões. Esta publicação é publicada sem garantia de qualquer tipo, expressa ou implícita. Além disso, nem o autor nem o editor serão responsáveis por quaisquer danos, direta ou indiretamente decorrentes do uso ou mau uso do livro. Os usuários desta publicação concordam em indenizar, liberar e isentar de responsabilidade a Rockwell Trading, seus membros, funcionários, agentes, representantes, afiliados, subsidiárias, sucessores e cessionários (coletivamente, "As Empresas") de e contra todas e quaisquer reivindicações, responsabilidades, perdas , causas de ações, custos, lucros cessantes, oportunidades perdidas, indiretos, especiais, incidentais, conseqüenciais, punitivos ou quaisquer outros danos e despesas (incluindo, sem limitação, custas judiciais e honorários advocatícios) ("Perdas") contra , resultante de, imposto ou incorrido por qualquer uma das Empresas como resultado de, ou decorrente deste contrato e / ou seu uso desta publicação. Esta publicação foi projetada para fornecer informações precisas e confiáveis em relação ao assunto abordado. É vendido com o entendimento de que o autor e o editor não estão envolvidos na prestação de serviços jurídicos, contábeis ou outros serviços profissionais. Se aconselhamento jurídico ou outra assistência especializada for necessária, os serviços de um profissional competente devem ser procurados. O uso do material contido nesta publicação constitui sua aceitação desses termos.

RESULTADOS DE DESEMPENHO HIPOTÉTICO TÊM MUITAS LIMITAÇÕES INERENTES, ALGUMAS DAS QUAIS SÃO DESCRITAS ABAIXO. NENHUMA REPRESENTAÇÃO ESTÁ SENDO FEITA DE QUE QUALQUER CONTA VAI OU PROVAVELMENTE OBTERÁ LUCROS OU PERDAS SEMELHANTES AOS MOSTRADOS. DE FATO, HÁ DIFERENÇAS MAIS AGUDAS ENTRE OS RESULTADOS DE DESEMPENHO HIPOTÉTICO E OS RESULTADOS REAIS ALCANÇADOS SUBSEQUENTEMENTE POR QUALQUER PROGRAMA DE trade EM PARTICULAR.

UMA DAS LIMITAÇÕES DOS RESULTADOS DE DESEMPENHO HIPOTÉTICO É QUE ELES SÃO GERALMENTE PREPARADOS COM O BENEFÍCIO DA VISÃO. ALÉM DISSO, A trade HIPOTÉTICA NÃO ENVOLVE RISCO FINANCEIRO, E NENHUM HISTÓRICO DE trade HIPOTÉTICA PODE CONTEMPLAR COMPLETAMENTE O IMPACTO DO RISCO FINANCEIRO NA trade REAL. POR EXEMPLO, A CAPACIDADE DE SUPORTAR PERDAS OU ADERIR A UM PROGRAMA DE trade ESPECÍFICO APESAR DE PERDAS DE trade SÃO PONTOS RELEVANTES QUE TAMBÉM PODEM AFETAR ADVERSAMENTE OS RESULTADOS REAIS DE trade. EXISTEM INÚMEROS OUTROS FATORES RELACIONADOS AOS MERCADOS EM GERAL OU À IMPLEMENTAÇÃO DE QUALQUER PROGRAMA DE trade ESPECÍFICO QUE NÃO PODE SER TOTALMENTE CONTEMPLADOS NA PREPARAÇÃO DO DESEMPENHO HIPOTÉTICO.

Índice

Prefácio da tradução

Um dos grandes desafios de traduzir uma obra é conseguir capturar o espírito do que está na obra e trazê-lo à realidade da linguagem e cultura local.

O Markus tem uma didática própria, utilizando vários exemplos e situações cotidianas para facilitar a compreensão, então trouxe esses elementos americanos para nossa realidade brasileira.

Optei por manter alguns termos em inglês, tais como *Put, Call e Strike (sempre em italico)* uma vez que esses termos já se incorporaram ao vocabulário de quem **negocia opções**, ou em bom economês, **faz trades** :)

Mantive também em inglês o nome da estratégia "The Wheel", que traduzido seria "A Roda", de forma a facilitar pesquisas posteriores por parte dos leitores, bem como uniformizar com os softwares que não estão traduzidos para nossa língua.

Tenham uma ótima leitura e aproveitem o livro, pois se minha experiência em lê-lo servir como parâmetro, ele abrirá novas portas e caminhos para facilitar a sua jornada para a independência financeira.

- Patricio

IMPORTANTE!

Tivemos que imprimir todas as ilustrações deste livro em preto e branco, caso contrário, o livro teria custado US $ 40 para imprimir,

MAS ...

... Nós criamos um **guia complementar** para você, no qual você pode ver todas as ilustrações coloridas!

E o melhor: é grátis!

Basta acessar WheelStrategyBook.com/bonus para baixar o **guia complementar** gratuitamente.

E agora, aproveite o livro.

- Markus

Introdução

Eu adoro negociar ativos, ou em bom economês, <u>fazer trades</u>!

Eu tenho feito isso basicamente pela metade da minha vida até este momento.

Pelo que tenho visto, os traders não são necessariamente apenas um tipo de pessoa. Eles vêm nos mais variados formatos, cores e tamanhos.

Durante meus mais de 20 anos acompanhando os mercados, acho que não houve melhor momento do que agora para ser um trader.

Lembro-me de quando comecei a fazer trades, as comissões eram de $40 por trade (!!!), e eu tinha que pagar $300 por mês para ter dados em tempo real.

Hoje, os traders de varejo agora têm acesso a informações e tecnologia de nível institucional, tornando cada vez mais fácil para qualquer pessoa começar a fazer trades. E nós agora vivemos na era da "comissão zero", o que torna possível tirar proveito de pequenos movimentos nos mercados sem ser dizimado por comissões.

Ao longo da minha carreira, fiz trades de quase tudo que fosse possível. Fiz trades com ações, opções, forex e futuros e, conforme minha vida mudava, também mudava meu estilo de trade.

Agora estou com 50 anos e minhas prioridades são muito diferentes do que eram quando tinha trinta e poucos anos. Meus filhos estão crescendo e meu tempo com eles é realmente o mais importante para mim no momento.

Portanto, não estou mais executando estratégias de trade que exigem que eu esteja na frente do meu computador durante a maior parte do dia, e esta é uma das muitas coisas que adoro na estratégia de trade "The Wheel".

Como você verá, “The Wheel” é uma ótima estratégia, de baixo gerenciamento e alta taxa de ganhos, que permitirá que você gere receita de forma sistemática, consistente e repetitiva.

Então, vamos começar;)

Capítulo 1

3 Razões porque você deve começar a fazer trades HOJE

Serei o primeiro a admitir: fazer trades pode ser um negócio difícil. fazer trades pode ser uma das coisas mais difíceis que você fará. Mas só porque algo é difícil, não significa que tenha que ser complexo.

Trabalhei com milhares de traders ao longo da minha carreira, e a única coisa que isso exige é disciplina. A disciplina para seguir um plano, mesmo quando as coisas ficam difíceis.

Porque se você não estava ciente disso, há momentos em que o mercado (figurativamente) vai chutar seus dentes ... e você precisa ser capaz de aceitar isso com um sorriso :)

Assim como expulsões fazem parte do futebol, perdas fazem parte do trade. É simples assim.

Fazer trades me deu uma vida que alguns podem pensar que nunca seria possível para eles, mas sou a prova viva de que, com determinação, estratégia e mentalidade certas, qualquer um pode fazer isso.

Para mim, existem três razões principais pelas quais você deve fazer trade e elas são bem simples:

Razão Nº 1: Você não consegue poupar para alcançar a liberdade financeira.

Em primeiro lugar, odeio ser o portador de más notícias, mas você não consegue poupar para alcançar a liberdade financeira!

Existem pessoas por aí, até mesmo especialistas financeiros, que fazem bravatas sobre como você pode "poupar" para atingir o status de milionário.

Uma "especialista" em particular, Suze Orman, fez tal afirmação em um artigo seu.

Ela disse que você deveria simplesmente parar de comprar café e economizar até se tornar um milionário. Vamos ser honestos, isso é uma bobagem completa, e eu vou provar isso a você:

Digamos que você tenha $20.000 em sua conta poupança e sua meta seja economizar pelos próximos 10 anos até alcançar $1.000.000.

Com base no conselho dela, você precisará parar de beber seu café com leite diariamente para economizar esse dinheiro.

Mas pense nisso: Quanto custa um café com leite? Talvez $5?

Portanto, não gastar $5 por dia, durante 30 dias, equivale a economizar $150 por mês.

Vamos supor que você obtenha uma taxa de retorno esperada de 5% sobre suas economias. E isso é generoso, porque se você olhar as contas de poupança ou mesmo os CDBs hoje em dia, terá sorte se obtiver 1%.

Mas vamos supor que os tempos mudem e você consiga 5%.

Com essa taxa de retorno, você levaria 63 anos e 5 meses para economizar até $1.000.000!

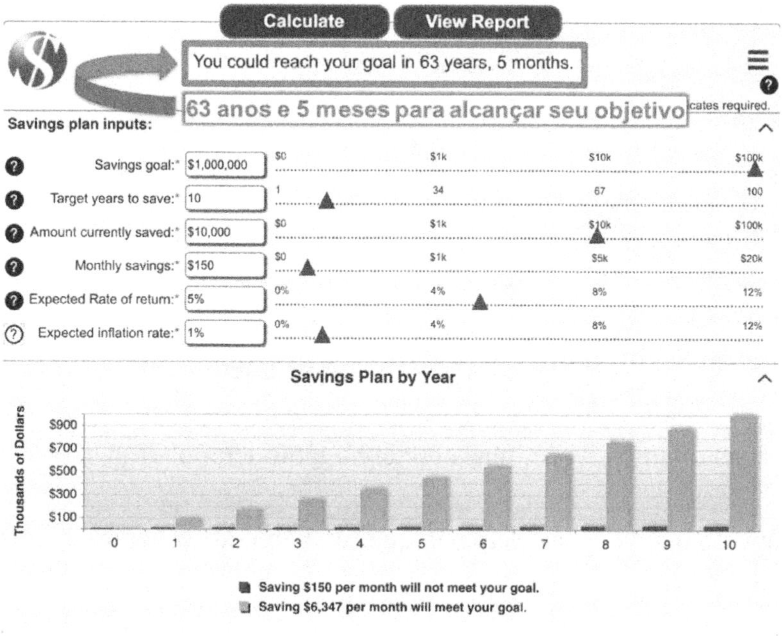

Fonte: https://dinkytown.net

Então, obviamente, não comprar o café com leite não funciona.

Vamos apenas dizer que, além disso, se você parar de sair de vez, agora está economizando respeitáveis $500 por mês.

A boa notícia: Agora você levaria "apenas" 43 anos e 8 meses para atingir sua meta de $1.000.000.

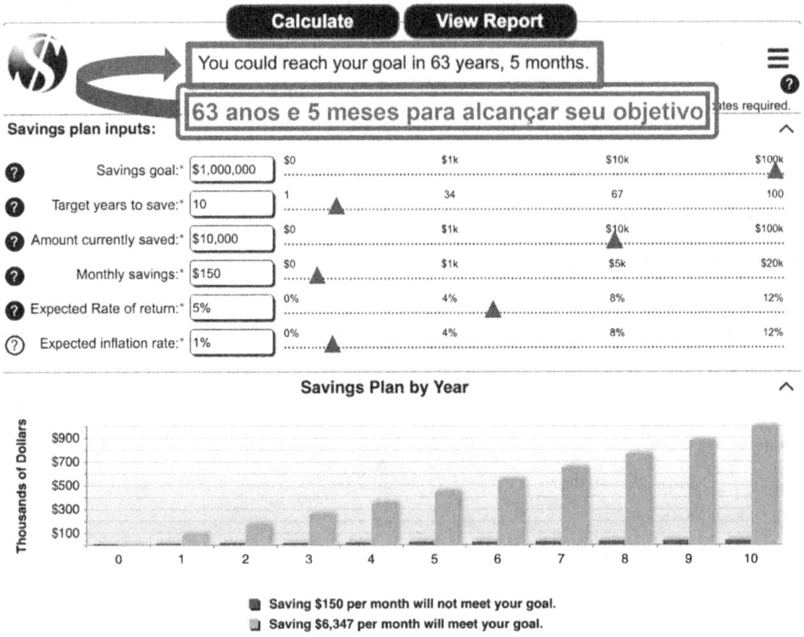

Fonte: https://dinkytown.net

Não sei quanto a você, mas não tenho tanto tempo!

E aposto que você também não quer ou não pode esperar 43 anos, certo?

Como você pode ver, não é possível poupar para atingir a liberdade financeira.

Você DEVE encontrar uma maneira de ganhar mais dinheiro, e fazer trades é a maneira perfeita de fazer isso.

"Se você não encontrar uma maneira de ganhar dinheiro enquanto dorme, trabalhará até morrer. - Warren Buffett "

Razão Nº 2: Fazer Trades Nivela o jogo e dá Oportunidades Iguais.

Fazer Trades nivela o jogo e dá oportunidades iguais.

Quando você está fazendo trades, não importa quem você é.
Não importa se você é jovem ou velho.
Não importa se você é homem ou mulher.
Não importa se você é branco, preto, marrom, verde ou rosa.
Não importa se você é um gênio da matemática ou é como eu, precisa de uma calculadora para somar dois números. Como você sabe, se você assistir meus vídeos no YouTube, então sabe que eu uso uma calculadora para tudo!
Certamente não importa se você tem um Ph.D., ou se você abandonou ou não o ensino médio.

Veja, fazer trades é definitivamente o "empregador" de oportunidades iguais. No trade, não há discriminação. Em todas as áreas da vida, EXISTE discriminação, gostemos ou não, mas NÃO ao fazer trades.

Fazer trades, não se trata de homens x mulheres, ou jovens x velhos.

Existe apenas o estudado versus o não estudado.

Os que ganham são os que têm o sistema certo, os que têm a mentalidade certa e as ferramentas certas. São eles que estão fazendo trades contra os apostadores, e acho que sabemos qual grupo geralmente ganha, certo?

Como você pode ver, fazer trades nivela o jogo e dá oportunidades iguais, e esta é uma das muitas razões pelas quais eu amo isso!

Razão Nº 3: O Dinheiro Não Traz Felicidade? - ERRADO!

Ao fazer trades, você pode ganhar dinheiro ... e o dinheiro PODE comprar felicidade!

Eu sei, eu sei: Esta é uma declaração controversa, porque muitas pessoas dizem, e infelizmente acreditam, que "o dinheiro não traz felicidade".

Bem ... com base na minha experiência, eles estão completamente errados e, como sempre, vou provar isso para você!

Recentemente, eu abri uma conta menor de $50.000 para provar o quão lucrativa a estratégia "The Wheel" pode ser. Depois de um mês fazendo trades seguindo a estratégia "The Wheel", o lucro realizado nesta conta foi de $3.204.

E escolhi usar esses lucros para provar como o dinheiro pode comprar felicidade.

Deixe-me perguntar: Você conhece alguém que está em uma situação difícil agora?

Talvez você conheça alguém que foi demitido e não pode mais pagar o aluguel, ou talvez alguém que ficou doente e não pode pagar pelo medicamento?

Se você respondeu "sim" a alguma dessas perguntas, deixe-me perguntar o seguinte:

E se você pudesse dar a eles os $3.204 que mencionei?
Você acha que isso pode mudar a vida de alguém que está em uma situação difícil?

Bem, muito recentemente, decidi distribuir os lucros do mês para algumas pessoas necessitadas.

Pedi aos nossos membros e espectadores que indicassem alguém que conheciam e que estava passando por dificuldades. Eu revisei as indicações (comoventes), escolhi dois candidatos que achei que poderiam melhor se beneficiar e eu dividi os lucros dessa conta de Trade e enviei um cheque a eles.
Isso os ajudou muito e significou muito para eles.

Então, para mim, isso foi uma prova muito simples de que o dinheiro PODE comprar felicidade e pode mudar a sua, e a de outras pessoas para melhor.

Dê uma olhada nesses sorrisos:

Em minha experiência pessoal, fazer trades é a melhor maneira de ganhar mais dinheiro.

O dinheiro pode mudar sua vida para melhor e também a vida das pessoas ao seu redor, e mostrarei como fazer isso com a Estratégia "The Wheel".

Vou mostrar as ferramentas de que você precisa e a estratégia que uso pessoalmente, e também falaremos sobre a mentalidade certa, de um trader.

Não haverá exagero neste livro, apenas os fatos, pois eu quero que você tenha sucesso.

Capítulo 2

Porque “The Wheel” é a estratégia de Trade perfeita.

Quero dar a você um resumo super rápido do que me inspirou a escrever este livro.

Eu vejo isso o tempo todo:
As pessoas que começam a fazer trades esperam que suas contas explodam.

Afinal, é isso que todos esses anúncios e e-mails prometem:

Retornos insanos em apenas alguns dias!
“Ganhe 1.062% com essa ação."
“Transforme $500 em $2.000.000 em 2 anos!”
… Ou algo maluco assim.

E então eles começam a fazer trades e rapidamente percebem: Não é assim que funciona.

Se você está cansado de todo esse exagero e promessas vazias, ESTA estratégia e livro são para você.

Meu objetivo é fornecer a você uma estratégia e as ferramentas de que você precisará para aumentar sua conta sistematicamente - porque essa é a chave.

Você vê, todo mundo pode ter sorte de vez em quando e fazer um trade vencedor que gera muito dinheiro. Mas ser capaz de crescer a sua conta de forma sistemática e repetitiva é a chave para o sucesso a longo prazo nos mercados.

Quando as pessoas começam a fazer trades seguindo a estratégia "The Wheel" e elas realmente 'clicam', elas ficam agradavelmente surpresas com a alta taxa de ganhos e como é fácil gerenciar os trades.

Tudo se resume a seguir as regras simples que apresentarei neste livro, junto com a escolha de boas ações que você não se importa de possuir.

Para mim, uma estratégia de trades deve ser **sistemática, consistente e repetível,** e a estratégia "The Wheel" atende a todos estes critérios.

Quem deve fazer trades utilizando esta estratégia?

Esta estratégia é perfeita para iniciantes.

Também é uma estratégia fantástica se você tem um portfólio ou uma conta de aposentadoria que não está crescendo pelo menos 30% ao ano (como muitas IRA e contas 401k).

A estratégia "The Wheel" também é perfeita como estratégia adicional para aqueles que já têm uma estratégia "padrão", como minha estratégia principal de crescimento, a estratégia **PowerX.**

“The Wheel” é usada tanto por traders de varejo como institucionais.

Na verdade, um dos investidores mais conhecidos de todos os tempos, Warren Buffett, usa essa estratégia como uma forma de gerar renda enquanto espera para comprar ações pelos preços que deseja.

E você também pode usar essa estratégia para gerar renda semanal e mensal.

Resumindo, se você tem algum dinheiro, e está procurando uma maneira consistente de aumentar sua conta, ESTA estratégia é para você.

Quais são as vantagens de usar essa estratégia?

Em primeiro lugar, essa estratégia tem uma porcentagem de vitórias muito alta.

A Estratégia “The Wheel” é uma estratégia de alto índice com uma taxa de vitória de cerca de 90-95%, tornando difícil perder quando implementada corretamente.

Na verdade, durante o verão e outono de 2020, tive uma das minhas mais longas, senão a mais longa, sequências de vitórias de todos os tempos.

Ao longo de um período de aproximadamente 5 meses e mais de 70 negociações, não tive um único trade perdedor com a “The Wheel”.

Isso significa que você não deve esperar perdas? NÃO!

Haverá perdas, mas "The Wheel" é uma estratégia com uma taxa de vitórias tão alta que é comum ver uma longa sequência de vitórias sem nenhuma derrota.

Outra vantagem dessa estratégia é o requisito de tempo extremamente baixo.

Não requer horas e horas de análise, então você não precisa ficar sentado na frente do computador o dia todo.

Tudo que você precisa é de cerca de 15 minutos ou menos, algumas vezes por semana.

Deixe-me provar a você:

Durante o verão de 2020, fiz uma viagem à Alemanha com meus dois filhos para visitar minha família.

Não importa se foi em um avião, trem ou Uber, eu ainda fui capaz de implementar essa estratégia enquanto estava em trânsito.

Na verdade, consegui fechar algumas transações enquanto estava no avião, a cerca de 36.000 pés no céu, usando o wi-fi de baixa qualidade que você normalmente experimenta em aviões.

Confira:

Aqui está outra vantagem:

Quando implementada corretamente, é uma estratégia de trades bastante 'segura'.

O objetivo da estratégia "The Wheel", é produzir um retorno anual de ao menos 30% sobre o seu capital (ou 60% com uma conta de margem).

Ao fazer trades, as perdas fazem parte do jogo, mas esta estratégia foi projetada para minimizar essas perdas, e fazendo as devidas análises ao escolher ações para fazer trades, tornando-se uma estratégia relativamente segura de usar.

Não importa a estratégia que você decida utilizar, você deve entendê-la totalmente e estar ciente que não existe um botão de 'reset' nos trades .
Portanto, antes de fazer um trade, você deve compreender totalmente os riscos da estratégia de trade que está utilizando.

Você nunca deve, e eu quero dizer NUNCA, fazer trades com dinheiro que você não pode perder.

A ideia básica da estratégia "The Wheel"

Nos próximos capítulos, você aprenderá todos os detalhes sobre essa estratégia. Mas deixe-me dar uma visão macro sobre ela.

A tradução de "The Wheel" significa "A roda", e como você verá adiante, que por se tratar de uma estratégia circular a apelidaram de "A Roda"/"The Wheel".

A ideia básica é **ser pago enquanto espera,** para comprar ações a um preço pelo qual está disposto a possuí-las.

Veja como:

1. Você vende uma *Put* (opções de direito de venda), com um determinado *Strike* (valor de de exercício desta opção), e **recebe prêmios**, estes prêmios são depositados em sua conta, e isso resulta em 'contracheques' semanais ou mensais.

2. Você sempre **fica com o prêmio** que já recebeu como vendedor da opção. Se no vencimento, o preço da ação fechar abaixo do Strike da sua *Put*, você terá de comprar 100 ações por *Put* vendida no preço do Strike.

3. Depois de possuir ações, "The Wheel" ganha impulso: Você começa a vender **1** *Call* (opção de direito de compra) para cada **100** ações que possui com um determinado *Strike* (valor de de exercício desta opção) e **recebe mais**

prêmios, resultando em mais 'contracheques' semanais ou mensais.

4. Se no vencimento, o preço das ações fechar abaixo do *Strike* da *Call*, então você simplesmente mantém o prêmio para as *Calls* vendidas contra suas ações e **repete este processo.**

5. Se no vencimento o preço das ações fecha acima do *Strike* da *Call* , você venderá suas ações ao preço do *Strike* e **lucra com a valorização das ações.** Agora você não possui mais ações e inicia o processo novamente.

Essa estratégia é confiável, testada ao longo do tempo e com manutenção muito baixa.

Como você pode ver, você pode sistematicamente ganhar dinheiro fazendo trades "The Wheel", sem gastar horas e horas por dia na frente do computador, se estressando com o que deve fazer.

Capítulo 3

Fazer trades como forma de sustento.

Existem dois níveis de trade:

1. **Fazer trades para acumular capital.**
   A maioria dos traders começa aqui. Nesta fase, seu objetivo é transformar uma conta pequena em uma maior, para que você possa passar para o próximo nível.

2. **Fazer trades para obter renda.**
   Quando você está fazendo trades por receita, sua conta é grande o suficiente para que você não precise mais aumentá-la. Nesta fase, você regularmente irá transferir os seus lucros para sua conta corrente para cobrir suas despesas do dia a dia.

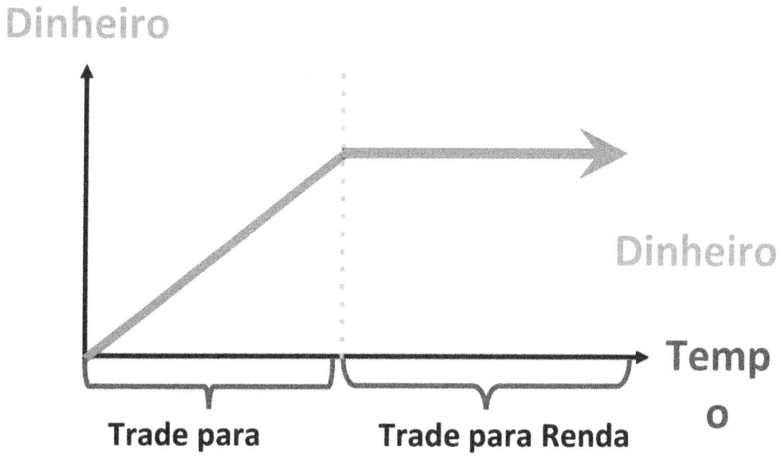

Neste capítulo, explicarei esses níveis com mais detalhes para que você saiba em que estágio está atualmente, e como usar a Estratégia “The Wheel” corretamente.

Portanto, primeiro, começaremos fazendo trades para obter crescimento, já que a maioria das pessoas começa com uma conta menor, por exemplo, menos de $200.000.

Trades para crescimento

A maioria dos traders começa com uma conta de trade menor que $200.000, e isso é normal!

Se isso for o seu caso, então você está “fazendo trades para crescimento”.

Neste nível, a idéia é simples: Manter o crescimento de sua conta até que você alcance um nível onde você poderá confortavelmente fazer trades para renda, sem quebrar as regras de sua estratégia de trade.

Normalmente, eu recomendava começar com pelo menos $5.000, mas o ideal é que você comece com pelo menos $10.000.

Ao fazer trades para crescimento, a estratégia que você usa deve ter um ROI (Return Over Investiment / Retorno Sobre o Investimento), de pelo menos 50% ao ano.

O foco deste livro é ensinar a você, a estratégia “The Wheel”, que requer um tamanho de conta de pelo menos $20.000.

Se sua conta for atualmente inferior a $20.000, recomendo utilizar a estratégia “PowerX” em vez de a “The Wheel”.

A Estratégia PowerX permite que você transforme uma pequena conta em uma maior usando o Gerenciamento de Dinheiro.

Eu escrevi um livro sobre essa estratégia que pode ser encontrado na Amazon, ou você pode adquirí-lo em nosso site GRATUITAMENTE, tudo o que você precisa fazer, é pagar pelo frete e o manuseio.

Portanto, se você acabou de ler esta seção e está percebendo que a roda pode não ser a estratégia certa para você ainda, não desanime. Continue lendo! Porque a estratégia "The Wheel" é basicamente três estratégias em uma, e você aprenderá muitos fundamentos-chave, que você pode utilizar enquanto ainda está no nível de fazer trades para crescimento.

Trades para obter renda

Então, qual é a diferença entre "trade para crescimento" e "trade para obter renda"?

"Fazer trades para renda" significa que sua conta de trade é grande o suficiente para fazer trades e transferir lucros que irão complementar ou substituir sua renda. Mas "grande o suficiente" dependerá de seus objetivos e das expectativas de ROI da sua estratégia de trades.

Deixe-me dar um exemplo:

Digamos que você tenha $500.000 em poder de compra em sua conta de trade e esteja usando a estratégia "The Wheel".

A meta da estratégia "The Wheel" é gerar um ROI de 30%, então isso seria $150.000 ao ano em lucros.

Isso representa $12.500 por mês.

Então, quando você está fazendo trades para obter renda, depois de um determinado período de tempo, quer se trate de uma vez por mês ou uma vez por trimestre, você vai transferir qualquer quantidade maior do que $500.000 iniciais para sua conta corrente.

É importante entender que o tamanho da conta é provavelmente o maior fator ao determinar se você está pronto para começar a fazer trades para renda.
Conforme mostrado no meu exemplo acima, na verdade se resume à uma fórmula simples:

Quanto mais poder de compra você tiver em sua conta, maior será seu potencial de ganhos.

Quanto dinheiro você precisa para fazer trades para viver?

Então, como você sabe se sua conta de trade é grande o suficiente para começar a fazer trades para renda?

Bem, esse número varia muito de pessoa para pessoa.

Determinar qual deve ser é o valor da sua meta de renda realmente depende de alguns fatores diferentes:

- Quais são as suas despesas mensais?
- Quantas pessoas dependem da sua renda?
- De que renda adicional você precisa, por exemplo, para comprar coisas legais como carros e barcos?

Esses são apenas alguns exemplos do que deve ser levado em consideração ao descobrir quanta renavocê precisa gerar a cada mês.

E por mais chato que pareça, fazer um orçamento ajuda. Você não tem que prestar contas de tudo, mas deve listar suas principais despesas, por exemplo:

- Moradia (25-35%): Financiamento, hipoteca, seguro, impostos, manutenção.
- Transporte (10-15%): Prestações ou aluguel, seguro, combustível, reparos.
- Alimentos (10-15%): Mantimentos, restaurantes.
- Serviços públicos (5-10%): Gás, água, energia, internet, TV, telefone.
- Seguros e saúde (10-15%): Seguro saúde, seguro de vida.
- Viagens e entretenimento (10-20%)

Depois de chegar a um número e saber exatamente quanto dinheiro você deve fazer a cada mês, há uma fórmula simples que você pode usar para calcular quanto você deve ter em sua conta de trade para que você possa gerar essa quantia de dinheiro todo mês.

A fórmula é:

Poder de compra em sua conta de trade = Renda anual desejada / ROI esperado

Aqui estão alguns exemplos:

Digamos que você queira ganhar $10.000 por mês, ou seja, $120.000 por ano, e está usando uma estratégia com um ROI de 60% (como a Estratégia PowerX).

Aqui está, como você descobriria quanto poder de compra precisa em sua conta de trade:

$120.000 Renda anual desejada / 0,6 ROI esperado = $ 200.000

Portanto, você precisaria de $200.000 em poder de compra em sua conta de trade.

E se essa conta fosse uma conta de margem, você só precisaria de $100.000 em dinheiro, já que uma conta de margem dobra seu poder de compra.

Vejamos outro exemplo:

Digamos que você queira ganhar $6.000 por mês = $72.000 por ano.
E vamos supor que você esteja usando uma estratégia com ROI de 30% (como a estratégia The Wheel).

Esta é a fórmula:

Renda anual desejada de $72.000 / 0,3 ROI esperado = $240.000

Portanto, você precisa de $240.000 em poder de compra em sua conta e, se estiver fazendo trades em uma conta de margem, precisará de $120.000 em dinheiro para ganhar $6.000 por mês.

Como você pode ver, é muito fácil calcular o dinheiro que você precisa em sua conta de trade para ganhar a vida. Qual é o seu número?

A métrica chave mais importante para trades para renda

Ao fazer trades para renda, você precisa tratá-la como faria com qualquer empresa, e com qualquer negócio de sucesso. Você precisa ficar de olho nas principais métricas que refletem a saúde geral de seus negócios.

Para um trader de renda, existe UMA métrica chave da qual você deve estar sempre ciente.

Você consegue adivinhar o que é?

Acredite ou não, ela não é a porcentagem de vitórias.
Não é o fator de lucro.
E também não é o lucro médio por trade.

A métrica mais importante é um número sobre o qual você talvez nunca tenha ouvido falar, porque poucos traders falam sobre isso. A métrica mais importante ao fazer trades por receita é o **lucro por dia (LPD).**

Ao fazer trades para receita, você precisa ser capaz de prever em que ritmo está ganhando dinheiro.

Sim, claro, é importante quanto dinheiro você ganha.

Mas há uma grande diferença se você ganha $1.000 em um dia ou em um mês!

Porque ao fazer trades para renda, você precisa de consistência. Você precisa ser capaz de prever razoavelmente quanto dinheiro ganhará em um mês ou trimestre.

E é por isso que o LPD é a métrica mais importante ao fazer trades para receita usando a estratégia "The Wheel". Conhecer seu LPD permite saber rapidamente se as negociações em sua conta o estão mantendo no caminho certo para atingir suas metas de receita.

Gerando Lucros SRC

Não importa se você está fazendo trades por renda ou crescimento, você deve encontrar uma maneira de gerar o que chamo de **"Lucros SRC".**

Lucros SRC são lucros de trades gerados de forma Sistemática Repetível e Consistente (SRC).

E o motivo porque os lucros SRC são tão importantes, é que todos podem ter sorte de vez em quando. Se você estiver fazendo trades por tempo suficiente, terá trade de sorte.

Pegue o desdobramento de ações da Apple AAPL em agosto de 2020 por exemplo:

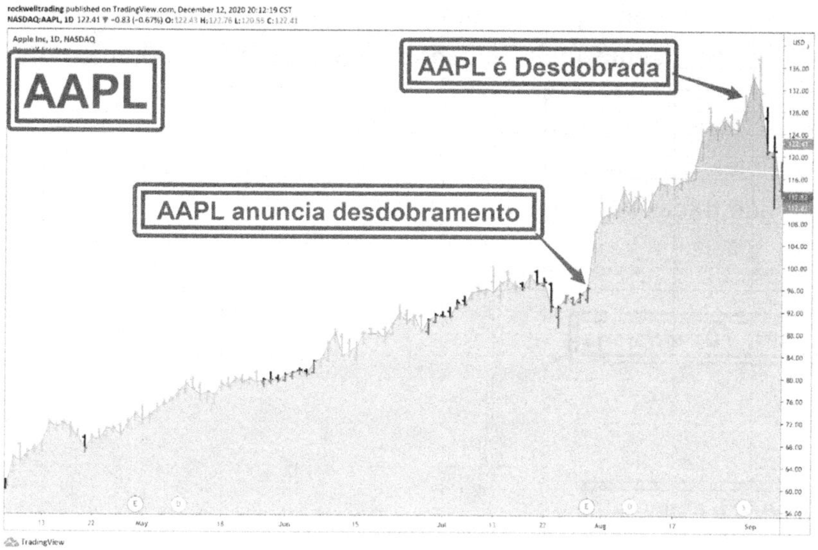

Durante sua divulgação de resultados (*Earnings Call*) em 30 de julho de 2020, a Apple anunciou um desdobramento de ações de 4: 1 para 31 de agosto de 2020.

E após o anúncio, a **Apple subiu 30% em 4 semanas!**

Se você captou esse movimento, bom para você!

No entanto, estes não são Lucros SRC, e aqui está o por quê:

Ele não era sistemático, porque não havia nenhum plano, nenhuma estratégia, nada que passasse por qualquer tipo de teste que o considerasse um método eficaz de ganhar dinheiro nos mercados.

Foi simplesmente um 'bilhete de loteria'.
Isso também não era repetível.

Você não sabe quando o próximo desdobramento da AAPL vai acontecer.

E não temos como prever com precisão a direção em que a ação irá, imediatamente antes ou depois de ocorrer o desdobramento.

Na verdade, como você pode ver no gráfico abaixo, nos 3 meses seguintes, a ação da AAPL não saiu do lugar, e estava apenas fazendo trades lateralmente:

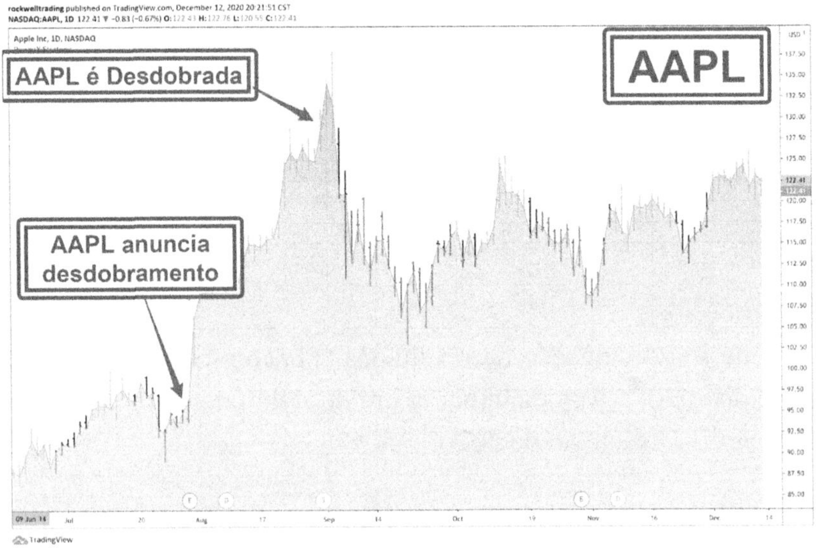

Deixe-me dar outro exemplo:

Algumas pessoas tiveram sorte quando compraram ZOOM (ZM) durante a pandemia de Coronavírus.

Entre fevereiro e outubro de 2020, o ZM subiu 564%!
E de novo: Se você pegou esse movimento, ou apenas parte dele, bom para você!

Mas este é outro grande exemplo de um "trade de sorte".

Porque você não poderá repetir este trade no próximo mês ... ou no próximo ano.

Se você o pegou, provavelmente foi o trade do século, e você não poderá fazer de novo.

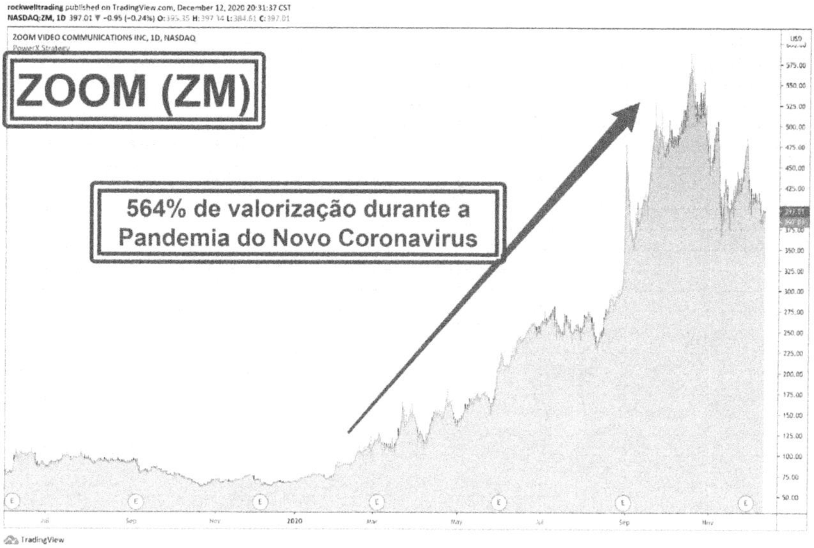

Como um trader profissional, você não quer confiar em "trades de sorte".

Se acontecerem, são a "cereja do bolo". Estas são as trades que permitem que você compre um carro novo, ou um helicóptero.

Mas para Trade de Renda, você precisa de Lucros SRC.

Todas as minhas estratégias de trade são sistemáticas, repetíveis, e consistentes. Os lucros SRC são absolutamente cruciais quando se faz trades para ganhar a vida.

E é por isso que só utilizo estratégias como "The wheel" que pode produzir Lucros SRC, todas as semanas.

Capítulo 4

Opções 1 a 1 - Aqui está o que precisa de saber

"Domine os fundamentos, e o nível de tudo que você faz, subirá."

- Michael Jordan

"The Wheel" é uma estratégia de trade de opções.

Por isso, antes de poder começar a fazer trades "The Wheel", é necessário compreender primeiro as noções básicas de opções.

Este capítulo é perfeito para quem for novo em opções, porque prometo que facilitará a compreensão das opções sem enchê-lo de jargões inúteis.

Este capítulo também é ótimo se tiver alguma experiência com opções, mas talvez as ache um pouco confusas, e não tenha a certeza de como tudo isto funciona.

A maioria das pessoas que tentam ensinar alguém sobre opções gostam de complicar demais.

Falam de coisas como O Modelo Black Scholes ou O Modelo Binomial, "As Gregas" como Delta, Theta, Rho, volatilidade implícita, etc.

E gostam de usar termos extravagantes para tornar o trade de opções MUITO complicado - e vender-lhe os seus cursos.

Mas esse não sou eu. Esse nunca foi o meu estilo.

Gosto de manter as coisas tão simples quanto possível.

Há uma citação de Einstein que encapsula isto perfeitamente:

"Tudo deve ser simplificado tanto quanto possível, mas não simples demais".

Se você é novato no comércio de opções, há muitas armadilhas de tempo que podem te pegar.

A boa notícia: Para fazer trades "The wheel", só é necessário compreender algumas noções básicas, e então terá todo o conhecimento e confiança que precisa para começar a operá-la.

Assim, neste capítulo, vamos discutir o básico e concentrar-nos apenas no que precisa para uma base sólida como rocha sobre opções.

O que é uma opção?

Uma opção é um contrato que lhe dá o direito, mas não a obrigação, de comprar ou vender 100 ações ou ETFs, a um preço específico, em uma determinada data.

A diferença entre ações e opções: Uma ação representa a propriedade parte de uma empresa. Opção é apenas um contrato que você pode usar para comprar ou vender essas ações.

Há vantagens em comprar opções, ao invés de comprar as ações imediatamente.

Tenha em mente que UM contrato de opções representa o direito de comprar 100 ações.

Se você for comprar 100 ações da AAPL, você tem que pagar o preço real da ação multiplicado por 100. Então, se as ações da AAPL estão sendo negociadas por $126/ação, então 100 ações custam $12.600.

No entanto, se você comprar um contrato de opção, você está pagando uma fração desse preço para controlar a mesma quantidade de ações.

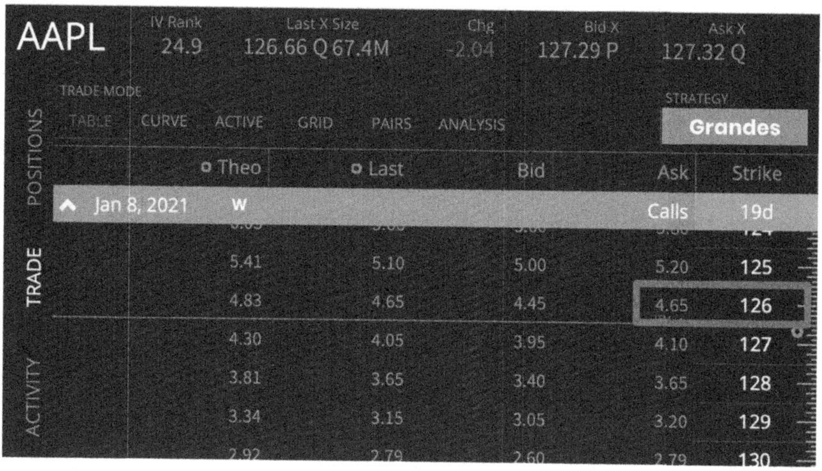

Aqui temos um exemplo:

Como você pode ver na imagem acima, a opção de comprar ações (*Call*) da AAPL a $126 custa $4.65

Uma vez que opções são negociadas em pacotes de 100, você está pagando $465 pelo direito de comprar ações AAPL por $126 até o dia 8 de Janeiro de 2021. que está distante 19 dias da data de hoje.

Você prefere pagar $12.600 para ter 100 ações de AAPL a $126, ou $465 pelo direito de comprar AAPL a $126?

Obviamente é mais barato comprar o DIREITO de ter AAPL por $465, do que comprar 100 ações imediatamente.

Outra vantagem:

Quando se compra opções, há um risco limitado de perdas. Se você comprar as ações imediatamente e o preço despenca, você pode perder até 100% do investimento se o preço da ação cair a $0

Apesar de ser um quadro improvável, ainda é uma possibilidade. Alguém lembra da Enron e da Worldcom?

Quando se compra opções do tipo *Call*, você não tem a obrigação, mas sim o direito de finalizar a negociação, e se você não o fizer, você perde apenas o valor pago pelo contrato de opção.

Usando o exemplo acima, você não pode perder mais do que $465, mesmo que a AAPL despenque para $76.

Se você comprou 100 ações, você perderia $136-$76 = $50*100 Ações = $5.000.
Mas se você fez o trade com opções, você perderia apenas $465.

Quando vendemos opções, temos um pouco mais de risco envolvido, e nós vamos cobrir isso em breve.

4 Coisas Que Você Precisa Saber sobre Opções

Agora que você tem as noções básicas do que é uma opção, tem 4 coisas que você precisa saber sobre sobre elas, e são universais:

1. Opções tem um preço de exercício ou *Strike*.
2. Opções tem uma data de expiração.
3. Existem opções do tipo *Call*, e há opções do tipo *Put* .
4. Você pode tanto comprar como vender opções.

Então vamos olhar essas 4 coisas de forma mais detalhada.

1 - Preço de exercício ou Strike

O preço de exercício ou *Strike*, é o valor pelo qual se pode comprar o bem negociado (neste caso uma ação), se a opção for exercida. Você pode escolher o valor de *Strike* na hora da compra da opção ou quando o contrato de opção é criado.

Qual *Strike* você escolhe e o preço da ação na hora da compra vai determinar se o seu *Strike* e considerado ITM (In The Money / Dentro do Dinheiro), ATM (At The Money / Na Linha do Dinheiro) ou OTM (Off The Money / Fora do Dinheiro).

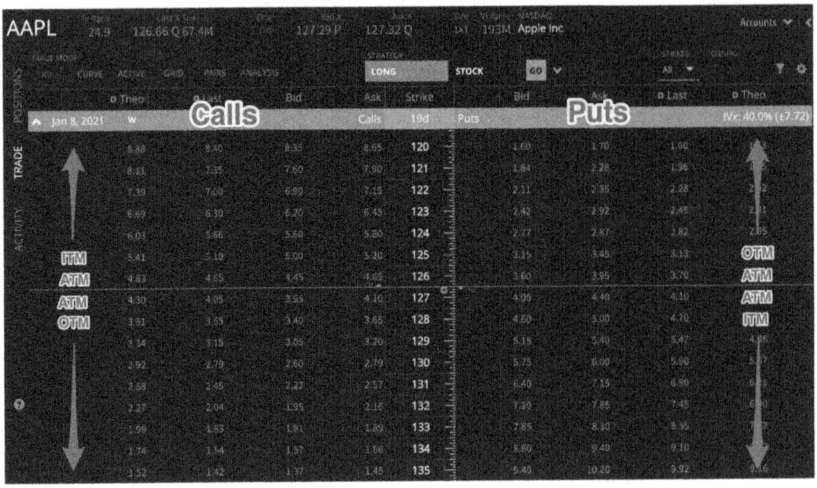

Opções com *Strike* ITM (dentro do dinheiro)

Opções de *Call* ITM terão preços de *Strike* abaixo do valor atual da ação e opções de *Put* ITM terão preços de *Strike* acima do valor atual da ação.

Para o nosso exemplo da AAPL (preço atual de $126.66), valores de *Strike* de $125 para baixo são considerados ITM para opções do tipo *Call,* e os *Strikes* de $128 para cima são considerados ITM para opções do tipo *Put.*

Opções com *Strike* ATM (Na linha do dinheiro)

Uma opção considerada ATM é aquela que está mais próxima ao valor atual da ação.

Para o nosso exemplo da AAPL (preço atual de $126.66), valores de *Strike* de $126 e $127 são as opções com *Strikes* mais próximas do valor atual, então elas são consideradas ATM tanto para opções do tipo *Put* como do tipo *Call.*

Opções com *Strike* OTM (Fora do dinheiro)

Opções de *Call* OTM terão preços de *Strike* acima do valor atual da ação e opções do tipo *Put* OTM terão preços de *Strike* abaixo do valor atual da ação.

Para o nosso exemplo da AAPL (preço atual de $126.66), valores de *Strike* de $128 para cima são considerados OTM para opções do tipo *Call,* e os *Strikes* de $125 para baixo são considerados OTM para opções do tipo *Put* .

2 - Datas de expiração

Opções são contratos que sempre tem uma data de expiração.

Todas as opções têm expiração mensais, e algumas opções têm adicionalmente expiração semanal.

As expirações semanais comumente tem a letra “W” (weekly semanal em inglês)

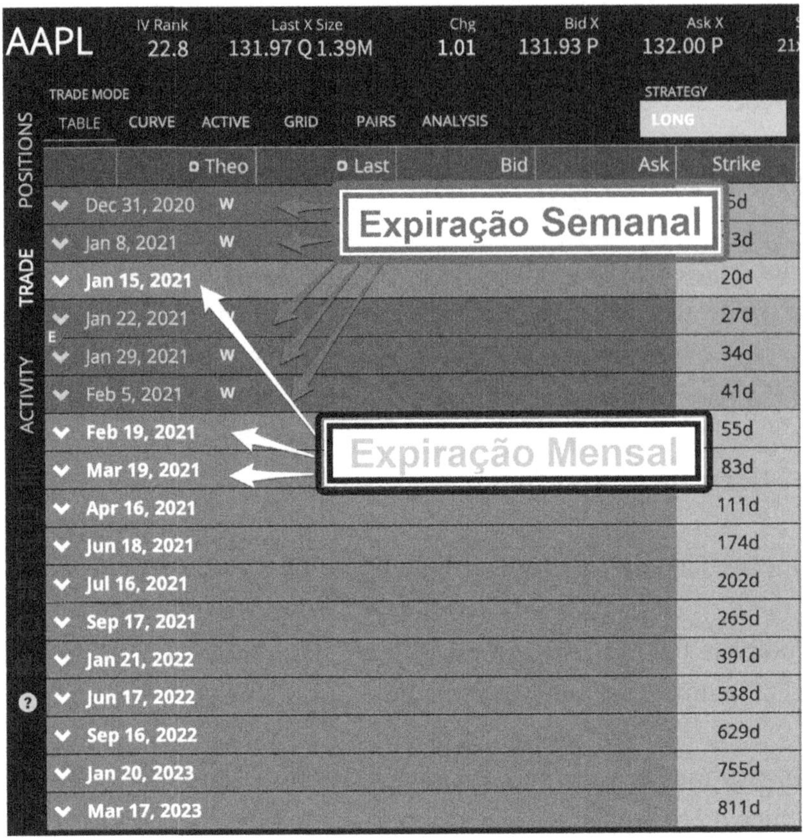

As datas de expiração são sempre as sextas feiras, a não ser que haja um feriado importante, como o Natal de 2020 que caiu na sexta, Nestes casos o dia de expiração é o dia que antecede aos feriados.

Uma vez que a opção expire, você não tem mais o direito de comprar ou vender as ações pelo preço negociado de *Strike*.

Portanto, é muito importante que você escolha a data certa de expiração.

Como um COMPRADOR de opções, é melhor escolher datas mais distantes, normalmente 30 dias ou mais.

Como um VENDEDOR de opções, é melhor escolher datas próximas, normalmente 14 dias ou menos.

Vamos falar mais sobre isso no próximo capítulo.

3 - Opções do tipo *Call* vs. Opções do tipo *Put*

Existem opções do tipo *Call* e do tipo *Put*.

Vamos dar uma olhada com mais detalhes em ambas:

Opções do tipo *Call*

Nos capítulos anteriores, falamos principalmente de opções do tipo *Call*.

Lembrete: Quando você possui uma opção do tipo *Call*, você tem o direito de **comprar** uma ação ao preço definido de *Strike* antes da data de expiração. Então se o *Strike* for de $100, e o preço atual estiver em $110, você pode comprar a ação pagando apenas $100 ao invés de $110.

Geralmente a notação utilizada é assim: "AAPL *Call* 280 April 17".

Isso significa que você pode comprar ações AAPL por $280 (preço de *Strike*) até o dia 17 de Abril (data de expiração). Lembre-se que você tem o direito, mas não a obrigação, de fazer isso.Vamos olhar o gráfico e ver se isso fica claro.

Para este exemplo, vamos assumir que a AAPL está cotada à $260.

Se você possui uma "AAPL *Call* 280 April 17", isso significa que você tem o direito de comprar AAPL por $280 Até o dia 17 de Abril.

Pergunta: Quanto vale esta opção caso a AAPL esteja cotada à $260, e você tem o direito de comprar AAPL por $280?

A resposta é: "Nada"!

Esta opção do tipo *Call* está "Fora do dinheiro" (OTM)

Não faria sentido exercer esta *Call* e comprar ações por $280, quando é mais barato comprar ações diretamente por $260.

Esta opção do tipo *Call*, só vai valer algo, se a ação estiver acima de $280. Mas enquanto ela estiver abaixo de $280, ela não vale nada.

Vamos olhar um outro exemplo com um preço de *Strike* diferente:

Aqui temos um preço de *Strike* diferente:

Nesta opção do tipo *Call* "AAPL *Call* 240 April 17" você tem o direito, mas não a obrigação de comprar ações AAPL pelo preço de *Strike* de $240 até a data de expiração em 17 de Abril.

No gráfico acima, a AAPL está cotada atualmente à $260.

Mesma pergunta aqui: Quanto vale esta opção do tipo *Call*?

Vejamos: Se você pode comprar a ação por $240, e ela está atualmente cotada a $260, isso significa que a opção vale $20, e está "Dentro do dinheiro" (ITM)

É realmente muito simples. O valor da opção do tipo *Call* é determinado em função da diferença de preços de *Strike* e a cotação atual da ação.

Se o preço de *Strike* da opção do tipo *Call* for menor que o preço atual no qual a ação está sendo negociada, então ela está "Dentro do dinheiro" (ITM)

No sentido oposto, se o preço de *Strike* da opção do tipo *Call* for maior, então ela está "Fora do dinheiro" (OTM).

Mas tem um detalhe:

Devemos levar em consideração outra coisa, algo que é conhecido como **"Valor temporal"**

Vamos estudar o Valor Temporal em mais detalhes no próximo capítulo, mas quero falar um pouco sobre ele aqui antes, uma vez que faz parte dos princípios básicos da negociação de opções.

No momento, esta opção está sendo negociada à $22.30.

Mas espere…. se a *Call* vale $20 como vimos, porque ela está sendo negociada por mais que esses $20? Porque há esse "Prêmio" aqui?

Este prêmio, também referido como "Valor Temporal" pelos traders neste caso, pode ser devido a possibilidade dos preços de AAPL subirem, e isso é o que os traders estão esperando uma vez que ainda há um certo número de dias sobrando onde podemos comprar a ação por $240. Quando os preços de AAPL sobem, também sobe o valor da opção.

O prêmio que você vê é para apenas uma ação, e como o contrato de opções representa 100 ações, o valor a ser pago é este prêmio multiplicado por 100.

Enquanto ainda houver tempo sobrando até a expiração, "opções" sempre terão um "Valor Temporal" adicionalmente ao valor real.

Mais sobre isso no próximo capítulo.

Opções do tipo Put

Neste ponto, você deve ter uma boa noção do que são opções do tipo *Call.*

Mas discutimos apenas brevemente o que é uma opção do tipo *Put*, então vamos falar sobre isso com mais detalhes agora.

Uma opção do tipo *Call*, dá a você o direito de **comprar** uma ação a um determinado preço (*Strike*) até a data de expiração. Já uma opção do tipo *Put* dá a você o direito de **vender** uma ação a um determinado preço (*Strike*) até a data de expiração.

Aqui está um exemplo: "AAPL Put 280 April 17".

Esta opção do tipo *Put* permite que você venda AAPL por $280 (preço de *Strike*), antes de 17 abril (data de expiração). Lembre-se de que você tem o direito de fazer isso, mas não a obrigação, assim como nas opções do tipo *Call*.

Com AAPL sendo negociada a $260, você tem o direito de vender a ação no preço muito mais elevado de US $280 (quando você vender a ação você vai lucrar com um mercado em queda). Isso significa que a opção do tipo Put vale $20 - e está "dentro do dinheiro".

4 - Compra de Opções vs. Venda de Opções

Ao comprar opções, você tem o direito de comprar ou vender o ativo subjacente a um determinado preço (*Strike*), dependendo se foram adquiridos *Calls* ou *Puts*.

Comprar opções é considerado um “débito”, pois você está pagando antecipadamente pelo contrato.

Ao vender “opções”, você está se colocando no outro lado:

Você tem a obrigação de comprar ou vender o ativo subjacente a um determinado preço (*Strike*), dependendo novamente se foram vendidos *Calls* ou *Puts*.

Ao vender "opções", você está recebendo um "crédito"na forma de prêmio pelo contrato que vendeu.

Existem dois conceitos-chave a serem entendidos ao comprar ou vender opções:

Primeiro: Ao comprar opções, você tem o **direito** de comprar ou vender as ações do ativo subjacente. Além disso, ao comprar opções você está pagando adiantado, o que é considerado um **débito**.

Ao vender opções, você tem a **obrigação** de comprar ou vender ações do ativo subjacente. Quando você é o lançador da opção (vendendo opções), você está cobrando uma taxa pela venda deste contrato, chamada de **'crédito'**.

Vamos dar uma olhada nisso com mais detalhes:

Comprando Opções

Rockwell TRADING	Calls	Puts
Comprando	Quando se Compra *Calls* você tem o DIREITO DE COMPRAR o ativo a um preço definido	Quando se Compra *Puts* você tem o DIREITO DE VENDER o ativo a um preço definido

Quando você compra uma *Call,* você ganha dinheiro quando a ação sobe.

Exemplo: Se a opção tiver um preço de exercício de $100 e o preço da ação subir para $110, você pode comprar ações com preço de $110 por ação, por apenas $100.

No entanto, se o preço cair abaixo do preço de exercício, você não tem a obrigação de exercer a negociação. Portanto, sua perda máxima é o prêmio que você pagou pelo contrato de opção.

Lembre-se, na hora de comprar opções você tem o DIREITO, mas NÃO A OBRIGAÇÃO de exercer um contrato, portanto não precisa comprar as ações.

Quando você compra uma *Put*, você ganha dinheiro quando a ação cai.

Exemplo: Se a opção tiver um preço de exercício de $110 e o preço da ação cair para $100, isso significa que você pode vender ações que custam apenas $100 por ação, pelo preço mais alto de $110 por ação.

No entanto, se o preço subir acima do preço de exercício, você não tem a obrigação de exercer a negociação e, novamente, só perderá o valor do prêmio que pagou.

Lembre-se, ao comprar opções, você só tem o direito, não a obrigação de exercer o contrato.

Vendendo Opções

Rockwell TRADING	Calls	Puts
Vendendo	Quando se Vende *Calls* você tem a OBRIGAÇÃO DE VENDER o ativo a um preço definido	Quando se Compra *Puts* você tem o OBRIGAÇÃO DE COMPRAR o ativo a um preço definido

Sempre há dois lados para cada trade: Sempre que um trader compra uma *Call* ou uma *Put*, há alguém do outro lado vendendo essa *Call* ou uma *Put* para eles.

Então, quando o comprador pagar um prêmio pela opção, o vendedor do contrato receberá este prêmio.

E é exatamente isso que faremos com a estratégia "The Wheel".

Basta pensar nisso como "fazer o oposto":

Quando você **vende uma *Put***, você ganha dinheiro quando o preço **cai**.

Ao vender uma *Call*, você recebe um prêmio. E se você vendesse uma *Call* com *Strike* de $260 e o preço da ação fechasse abaixo de $260 no vencimento, essa opção cxpiraria sem valor e você manteria o prêmio.

No entanto, se o preço subir acima de $260, digamos $280, você ainda recebe o prêmio, mas agora tem a obrigação de vender as ações pelo preço de exercício - SE o comprador exercer seu direito de comprar as ações pelo preço de exercício.

Isso é chamado de "exercer" ou "ser exercido" e é uma grande parte da Estratégia da Roda. Veremos isso com mais detalhes no Capítulo 8. .

Neste exemplo, você perderia $20 por opção: você teria que vender as ações pelo preço de exercício de $260, mas como você não tem as ações, precisa comprá-las ao preço mais alto de $280 perfazendo uma perda de $20.

Quando você **vende uma *Put***, você ganha dinheiro quando o preço sobe - ou enquanto o preço das ações permanecer acima do *Strike* que você vendeu.

Se você vendeu uma *Put* com um *Strike* de $280 e o preço da ação fechar acima de $280 no vencimento, a opção expira sem valor e você mantém todo o prêmio pago pelo comprador.

No entanto, se o preço cair abaixo de $280, digamos para $250, você ainda mantem o prêmio recebido, mas agora tem a OBRIGAÇÃO de comprar ações pelo preço de exercício (o processo é conhecido como "ser exercido").

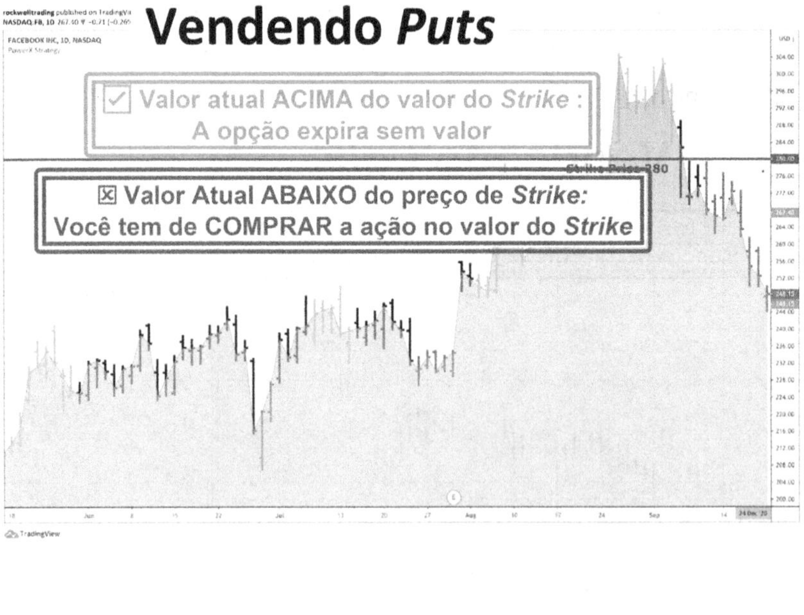

Portanto, você perderia $30 por ação se tivesse a obrigação de comprar ações por $280 e imediatamente as vendesse a $250 (preço de mercado atual) para fechar a negociação. E como as opções vêm em "pacotes de 100", você perderia 100 * $30 = $ 3.000.

Quatro Estratégias de Opções - Seus Blocos de Construção

Agora que você tem uma base sólida sobre negociação de opções, quero mostrar a você 4 estratégias básicas de opções . Essas 4 estratégias são os "blocos de construção" da negociação de opções.

Depois de entender essas 4 estratégias fundamentais, você será capaz de construir estratégias de negociação mais avançadas e complexas.

Usaremos 2 dessas 4 estratégias ao fazer trades, "The Wheel".

Portanto, aqui estão as 4 estratégias básicas para negociação de opções :

1. Comprar *Calls* - Quando você espera que a ação suba (*Bullish* - Viés de alta).
2. Vender *Call* - Quando você espera que a ação ande de lado ou caia (*Bearish* - Viés de baixa).
3. Comprar *Puts* - Quando você espera que a ação caia (*Bearish* - Viés de baixa).
4. Venda Puts - quando você espera que a ação ande de lado ou suba (*Bullish* - Viés de alta).

Como você pode ver, há mais de uma maneira de tirar vantagem dos movimentos de alta e baixa no mercado.

Então a questão se torna:
Quando usar uma dessas estratégias em detrimento da outra?

Se você está otimista e espera que o preço da ação suba, você deve **comprar** ***Calls*** ou **vender** ***Puts***.

Se, por outro lado, você estiver pessimista e esperar que o preço da ação caia, você deve **vender** ***Calls*** ou **comprar** ***Puts***

Uma boa maneira de determinar se deve comprar ou vender opções é consultar o CBOE Volatility Index (VIX) - também conhecido como "O Índice do Medo".

O VIX foi criado pela Chicago Board Opções Exchange (CBOE), e é um índice de mercado em tempo real que representa a expectativa do mercado sobre a volatilidade nos próximos 30 dias.

Resumindo, quando o VIX é alto, normalmente é melhor VENDER opções. Quando o VIX é alto, os prêmios das opções também serão maiores. E quando os prêmios das opções são altos, você recebe mais prêmios como vendedor.

E quando o VIX está baixo, é melhor COMPRAR opções, pois os prêmios serão menores.

Como regra básica, quando o VIX está acima de 30, você VENDE opções. E quando estiver abaixo de 30, é preferível COMPRAR opções.

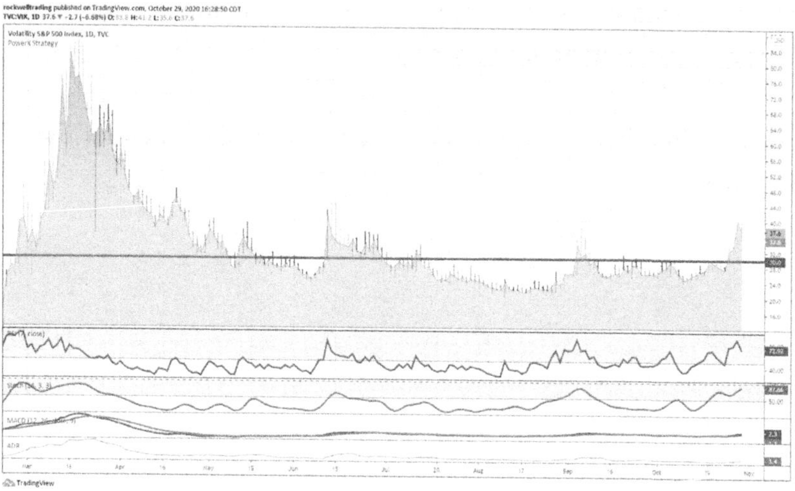

Como você pode ver, as negociações de opções não precisam ser excessivamente complicadas.

Você só precisa do básico que discutimos neste capítulo para começar a negociar opções. O que você aprendeu até agora é tudo o que você precisa para a estratégia "The Wheel".

Mas ... e sim, há um grande MAS chegando … negociação opções de podem ser perigosas se você não sabe o que está fazendo!

É por isso que incluí este capítulo que se concentra apenas nos fundamentos das negociação de opções.

Um monte de pessoas perdem suas suadas economias negociando opções porque eles não entendem estes princípios.

E mesmo que você ainda esteja um pouco confuso, não tem problema.

Continue lendo e, se ainda ficar confuso mais tarde, talvez queira reler este capítulo algumas vezes.

E está tudo bem porque, uma vez que você entender, você dominará.

Capítulo 5

Compreendendo o Prêmio e o Decaimento de Theta

Neste capítulo, vamos cobrir o Prêmio e o Decaimento de Theta com mais detalhes.

Veremos exemplos específicos de como eles funcionam e, como você verá, Decaimento de Theta Decay e o recebimento de Prêmios são partes essenciais da estratégia "The Wheel".

Prêmios de *Calls*

Aqui está um exemplo:
Digamos que uma ação esteja sendo negociada atualmente a $132.

E digamos que se trata de uma *Call* com *Strike* $125 e outra *Call* com *Strike* $135.

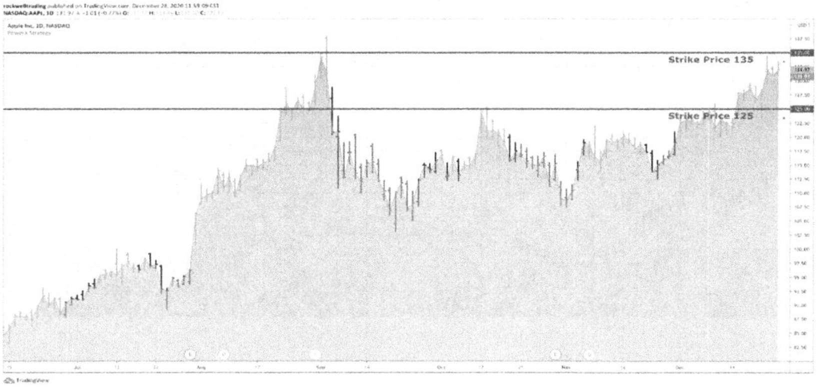

Quando comprarmos uma *Call* com *Strike* de $135, temos o direito de comprar as ações por $135.

Claro, não iremos exercer esse direito. Porque não faz sentido comprar a ação por $135 (o *Strike*), quando o preço atual é $132.

E é por isso que o VALOR REAL, ou valor intrínseco, desta opção é $0. Isso é muito típico de uma opção "fora do dinheiro" (OTM).

Por outro lado, a *Call* com *Strike* de $125 é uma história diferente.

Um *Strike* de $125 significa que podemos comprar a ação por $125. Assim, poderíamos "exercer a opção", comprar as ações por $125 e vendê-las imediatamente ao preço atual de $132.

Isso significa que o valor real dessa *Call* é $132 - $125 = $7. E essa opção é chamada de "Dentro do Dinheiro" (ITM).

Mas se olharmos para a cadeia de opções, vemos que esta opção com 20 dias para expiração (DTE) está sendo negociada atualmente a $8,75!

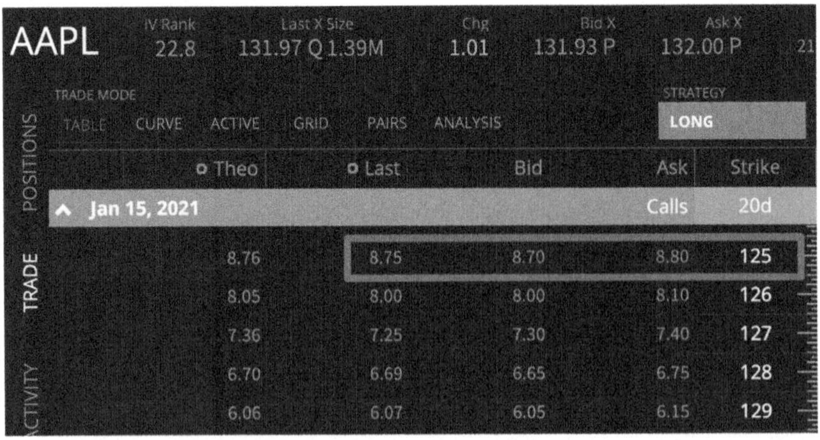

Já estabelecemos o valor real (ou intrínseco) desta opção:

O Preço da Ação: $132 - O *Strike*: $125 = $7

A diferença entre o valor atual de mercado e o valor real, é o que é conhecido como "Valor do Tempo". Portanto, o valor de tempo desta *Call* é:

(Preço de mercado) $8,75 - (Valor real) $7 = (Valor de tempo) $1,75

Então, o que exatamente é "Valor de Tempo"?

Os traders estão esperando que o preço da ação suba entre agora e o vencimento, e é por isso que estão dispostos a pagar um prêmio pela opção. O "Valor de Tempo" (também conhecido como Prêmio), que os traders estão dispostos a pagar por uma opção, vai ficar menor a cada dia.

No dia da expiração, o valor do tempo de $1,75 terá diminuído para apenas alguns centavos.

Prêmio de *Puts*

Vamos usar o mesmo exemplo com *Puts*.

A ação está sendo negociada a $132.

E estamos considerando *Puts* com um *Strike* de $135 e $125:

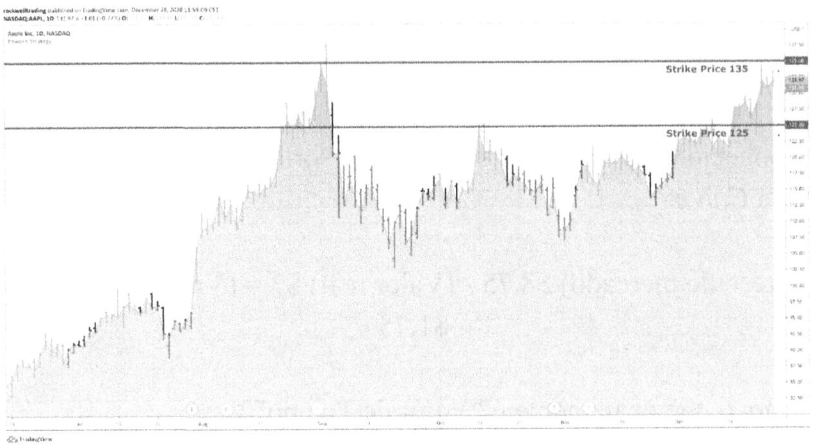

Ao comprar ***Calls***, podemos **comprar** as ações no valor do *Strike*. Mas ao comprar ***Puts***, podemos **vender** as ações no valor do *Strike*.

Nesse caso, o *Strike* de $125 está "fora do dinheiro" (OTM) e não tem valor real.

Eis o motivo: A *Put* com *Strike* de $125 nos dá o direito de **vender** as ações por $125. Mas se vendêssemos as ações diretamente, sem usar uma opção, poderíamos vendê-las por $132 agora mesmo!

Só para esclarecer: Na hora de comprar, teremos lucro quando pudermos comprar por um preço mais baixo e vender mais caro. Ao vender, lucramos quando pudermos vender por um preço mais alto e comprar mais barato.

Por outro lado, o *Strike* de $135 está agora "dentro do dinheiro" (ITM), já que poderíamos vender as ações por $135 e imediatamente comprá-las de volta ao preço de mercado de $132.

Portanto, o valor real desta opção é $135 - $132 = $3.

No entanto, o preço atual da opção é $6,15.

Strike	Bid	Ask	Last
20d	Puts		
135	6.10	6.20	6.15
136	6.75	6.85	6.85
137	7.45	7.55	7.63
138	8.15	8.25	8.35
139	8.85	9.00	9.10

Portanto, o valor do tempo ou prêmio desta opção é:

(Preço de Mercado) $6,15 - (Valor Real) $3 = (Valor do Tempo) $3,15

E o mesmo princípio se aplica: Este "valor do tempo" diminuirá a cada dia conforme nos aproximamos do vencimento até que seja de apenas alguns centavos no dia da expiração.

Gosto de dizer: "O valor do tempo está derretendo como um boneco de neve na Flórida".

E esse é um exemplo perfeito porque, no início, ele derrete lentamente, e então o decaimento do tempo acelera e ele derrete rapidamente.

Eu fiz esta ilustração para você:

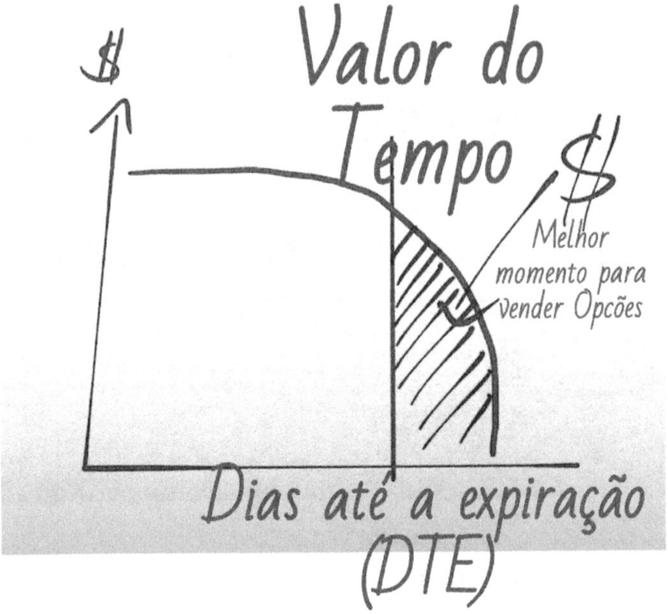

Não é chique, mas dá a você a idéia:

Quando nos aproximamos da expiração, a curvatura da linha mostra como o "valor do tempo" diminui muito rapidamente.

E, como vendedores de opções, queremos que o valor do tempo desapareça rapidamente.

É por isso que nos trades "The Wheel" gostamos de vender opções com menos de 14 dias para expirar.

Theta - seu melhor amigo ao fazer trades "The Wheel"

Lembra-se da minha ilustração "chique" no capítulo anterior?

Theta é a medida da redução no tempo de um contrato de opção, ou seja, a inclinação da minha curva desenhada à mão.

O *Theta* nos diz quanto o Decaimento Temporal diminui por dia, assumindo que todo o resto permanece o mesmo.

Deixe-me mostrar-lhe um exemplo.

O *Theta* de *Call* $135 com 55 dias até o vencimento é $7,081 por dia:

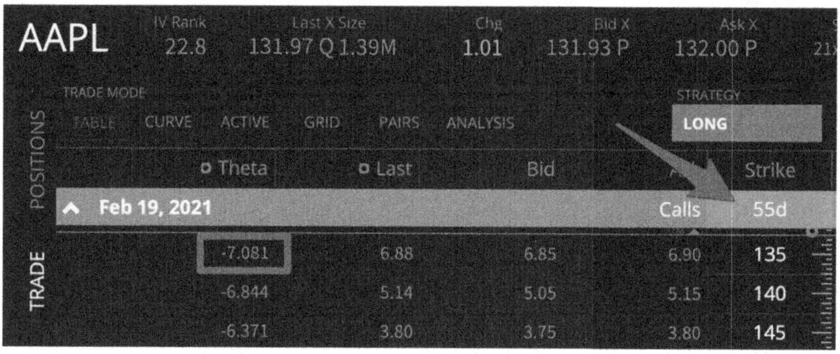

O *Theta* da *Call* $135 com 20 dias até o vencimento é $9,675 centavos por dia:

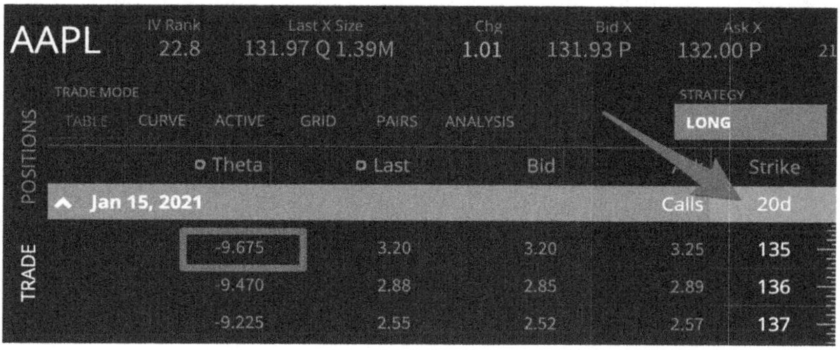

Finalmente, o *Theta* da *Call* $135 com 5 dias até o vencimento é $11,462 centavos por dia:

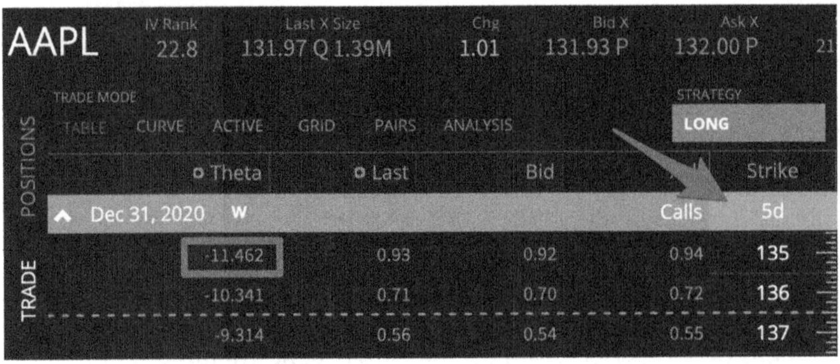

Aqui está uma tabela que resume estes valores 3 *Theta*:

Dias para expiração	***Theta* em centavos / dia**
55	7,081
20	9,675
5	11,462

Como você pode ver, quanto menos dias para o vencimento, maior o "*Theta*".

Quando você está comprando opções, o Decaimento Temporal pode sugar a sua vida. Mas quando você está vendendo opções, o Decaimento Temporal é de repente o seu melhor amigo.

Assim como na vida, não há garantias quando se trata de fazer trades ... com a exceção do Decaimento Temporal.

É garantido que a redução de tempo aconteça, pois a cada dia o valor de tempo de uma opção diminui.

E estamos usando ISSO a nosso favor ao fazer trades "The Wheel".

Agora você sabe o que é "*Theta*" e por que ele é seu melhor amigo para a Estratégia "The Wheel".

Então, vamos na sequência dar uma olhada em como encontrar as melhores ações para a estratégia "The Wheel".

Capítulo 6

A estratégia - Parte I: Encontrando as ações certas

Agora que você tem uma base sólida sobre como as opções funcionam, estamos prontos para começar a montar a estratégia "The Wheel".

A primeira, e provavelmente a parte mais importante, é saber quais as ações e ETFs usar para essa estratégia... ou, mais importante ainda, quais as ações NÃO negociar com a "The Wheel".

5 etapas para encontrar as ações certas

Saber como escolher as ações certas, é absolutamente fundamental para essa estratégia.

Com a "The Wheel", procuramos empresas de qualidade.

E quando se trata de encontrar as ações certas, a maioria dos traders novatos, não sabem como começar ou por onde começar a procurar.

Vou ajudar a tornar esse processo de encontrar as ações certas muito mais fácil para você.

Vou mostrar a você um processo passo a passo de como encontrar as melhores ações e opções para negociar:

1. Encontre ações sem data de divulgação de resultados antes da expiração.
2. Encontre ações com "Alta Volatilidade" .
3. Encontre ações em tendência de alta, ou se movendo lateralmente com um forte suporte.
4. Verifique a calculadora "The Wheel".
5. Faça o trade.

Etapa 1: Sem data de divulgação de resultados antes da expiração

As divulgações de resultados podem transformar uma ação em uma incógnita.

Dê uma olhada no gráfico abaixo.

Esta é a Intel (INTC), uma das empresas mais previsíveis.

Normalmente a INTC, negocia em uma pequena faixa de 1-2%. Mas durante as últimas duas divulgações de resultados, os movimentos foram insanos:

Primeiro, a INTC perdeu 16% em um único dia, e apenas alguns meses depois, com a ação quase recuperando essas perdas, a INTC divulgou os novos resultados e a ação caiu 11% !

Esses são os movimentos que podem causar grandes perdas ao fazer trades "The Wheel".

Evite isso a todo custo! Não entre em uma negociação se houver divulgação de resultados antes que a opção que você vendeu expire.

Etapa 2: Encontre ações com alta volatilidade implícita (IV)

A próxima etapa é encontrar ações com alta volatilidade implícita (IV).

Isso é importante porque a Parte I da Estratégia "The Wheel" é vender *Puts* para coletar Prêmio, e IV alto, significa que haverá prêmios mais altos. Eu gosto de procurar negociações que me dêem uma boa quantidade de prêmios, que posso coletar todos os dias.

Portanto, vamos mergulhar na Volatilidade Implícita e como encontrar ações com alto IV.

Volatilidade implícita (IV)

A volatilidade implícita (IV), conhecida como volatilidade ou abreviadamente como VOL, é uma representação de quão volátil se espera que o ativo subjacente seja antes do vencimento da opção.

A volatilidade implícita pode ser uma boa medida para determinar se as opções são caras ou baratas.

Uma opção com alta IV implicaria que há um grande movimento esperado. Mas não sabemos em que direção. IV mais alto se traduz em mais prêmio ou valor extrínseco no contrato.

Um bom exemplo de opções que provavelmente terá IV mais alto, são opções de uma empresa que vai divulgar seu demonstrativo de resultados. Frequentemente, os traders esperam um grande movimento, mas a direção do movimento é incerta. Portanto, as opções terão um preço mais alto para refletir essa incerteza, que pode ser quantificada como IV.

Outro exemplo é o resultado de um ensaio clínico para uma ação farmacêutica. Uma vez que os resultados são divulgados, podem ser boas ou más notícias. É quase certo que essa ação fará um grande movimento, mas ainda não sabemos a direção do movimento.

Então, como você pode encontrar essas ações? - Existem 3 maneiras de fazer isso.

Ferramenta Nº 1: Screener (pesquisador) BarChart.com

Uma ótima ferramenta que você pode usar é o site www.barchart.com.

O BarCharts é de uso gratuito e fornece um scanner para pesquisar ações com base em filtros personalizáveis.

A seguir, mostrarei um filtro simples que você pode usar para encontrar ações com alta volatilidade implícita, que podem ser ótimos candidatos para “The Wheel”.

1. Ir para https://barchart.com
2. Clique em Options (opções), que traz as “Options screener”
3. Clique em SET FILTERS (Configurar Filtros)

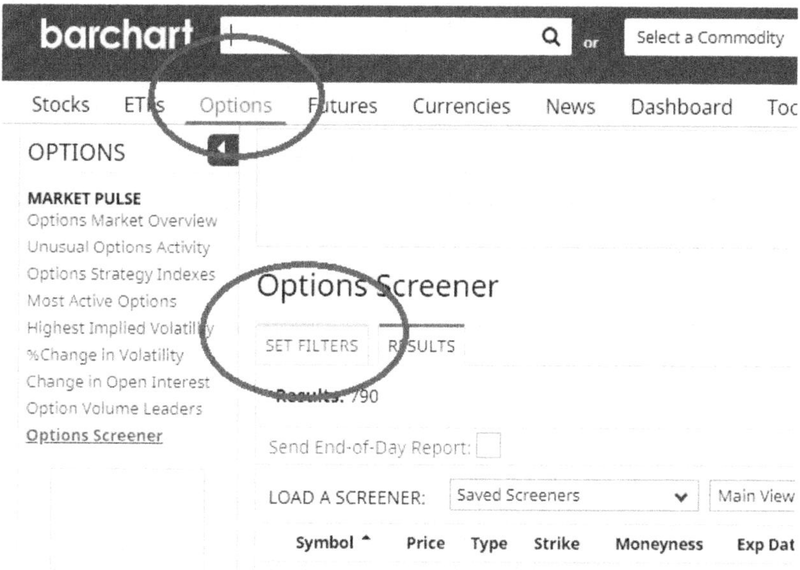

3. Selecione os seguintes filtros:

- **Earnings Date (Data da divulgação de resultado):** Conforme explicado no capítulo anterior, é importante se certificar de que nós não estamos negociando no período de divulgação de resultados. Portanto, defina as datas para o período de tempo em que você está procurando ações para evitar ações com divulgação de resultados.
- **Eschange (Bolsa):** Estou tranquilo pesquisando em todas as bolsas listadas, então eu marquei todas essas caixas (AMEX, NYSE e NASDAQ).
- ***Strike* Implied Volatility (Volatilidade Implícita do *Strike*):** aqui, gosto de ajustar a faixa para entre 30-50%. Quando se está acima de 50%, a volatilidade é muito alta e você corre o risco de ter uma ação que está subindo e descendo descontroladamente. Quando está abaixo de 30%, os prêmios geralmente são muito baixos.
- **Days To Expiration (Dias Até a Expiração):** Defino isso para 7-21 dias.
- **Last Trade Time (Hora Da Última Negociação):** Duas caixas suspensas aqui. Defino o primeiro como "feito na última" e o segundo como "2 sessões".
- **Security Type (Tipo de Ativo):** Eu apenas marquei a caixa para "Ações" e deixei "ETF" e "Índice" desmarcados.
- **Option Type (Tipo de Opção):** Eu apenas marquei a caixa "*Put*" e eu deixei "*Call*" desmarcada.
- **Volume:** Deixo isso a **0.**
- **Open Interest (Interesse em Aberto):** Eu também deixo esta em **0**.
- **Stock Price: (Valor da Ação):** Eu defini para encontrar Ações negociadas entre $30 - $250.

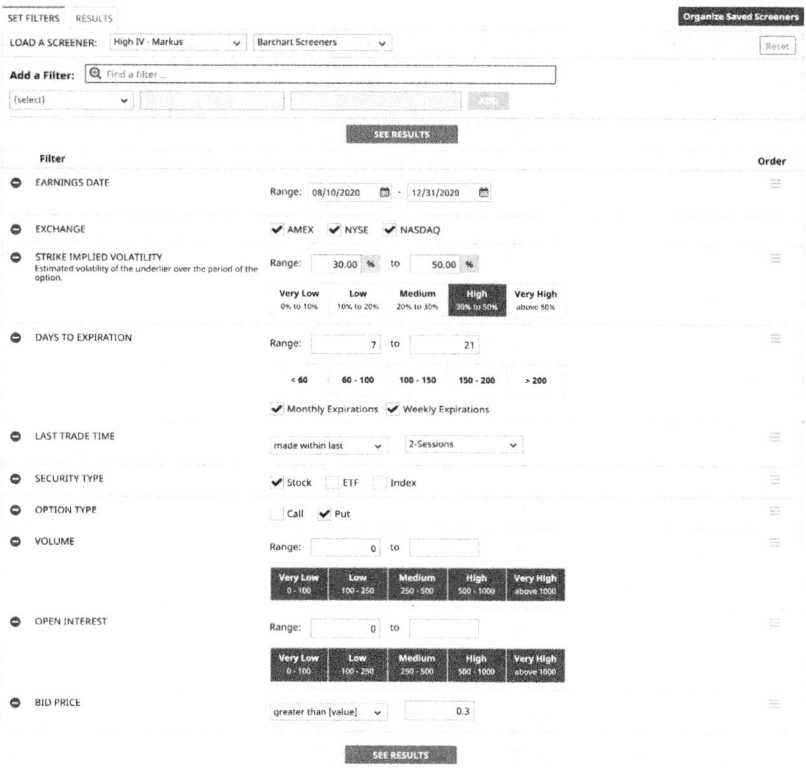

Depois de definir os filtros, clique no botão na parte inferior que diz “SEE RESULTS” (VER RESULTADOS).

A próxima página que ele traz, mostra todas as *Puts* que correspondem aos critérios dos filtros que foi definido.

Se você olhar para a sua lista de Ações a partir de sua pesquisa refinada no BarCharts, há um link intitulado "flipcharts", e ele lhe dará uma visualização gráfica dos primeiros 10 gráficos da lista, que também são os de classificação mais alta, de acordo com os critérios que você definiu. Você poderá facilmente clicar de um gráfico para o próximo para ver se a ação está tendendo na direção que você quer.

Ferramenta nº 2: Screener TradingView

Outra ferramenta que você pode usar para encontrar Ações com alto IV é o TradingView. TradingView é atualmente minha plataforma de gráficos favorita. É inteiramente baseado na web e, na minha opinião, possui as melhores ferramentas de gráficos que existem.

Depois de abrir o TradingView, no topo da janela você verá uma área onde pode inserir um símbolo de Ação.

Para este exemplo, vamos dar uma olhada na AAPL. Vou orientá-lo passo a passo sobre como configurar o "Stock Screener" (avaliador de ação) para encontrar ações para "The Wheel".

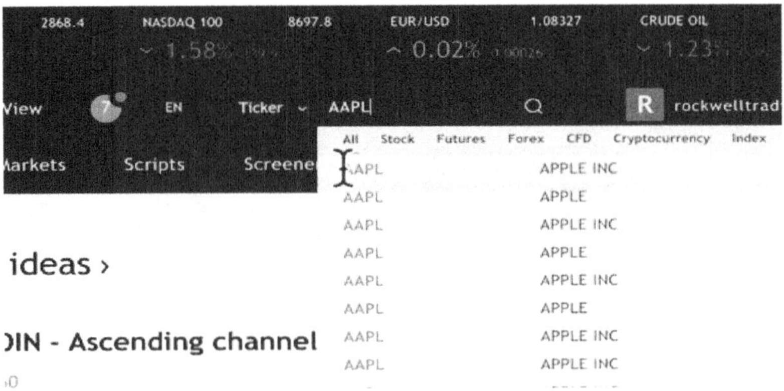

1. **Clique em "Full Featured Charts" (Gráficos de Recursos Completos)**
   Depois de escolher AAPL digitando-o na barra de pesquisa, você deseja clicar no botão **"Full Featured Charts"** localizado no canto superior direito do gráfico.

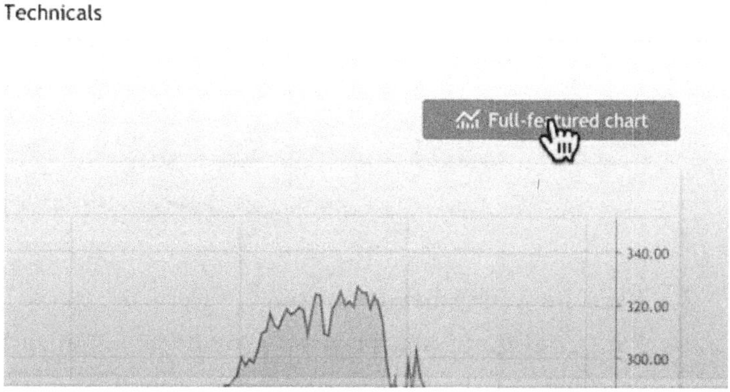

   Depois de clicar nele, você verá um gráfico completo. Você terá um gráfico na metade superior, você verá "Stock Screener" e "Text Notes" na parte inferior.

2. **Stock Screener (Analisador de Ações):**
   Comece clicando na guia "Stock Screener" que está no canto inferior esquerdo, ela abre o stock screener, e você verá screeners predefinidos em um menu suspenso, como Volume Gainers (Ganhadores de Volume), Percent Change Gainers (Ganhadores de Variação Percentual) e Percent Change Losers (Perdedores de Variação Percentual).

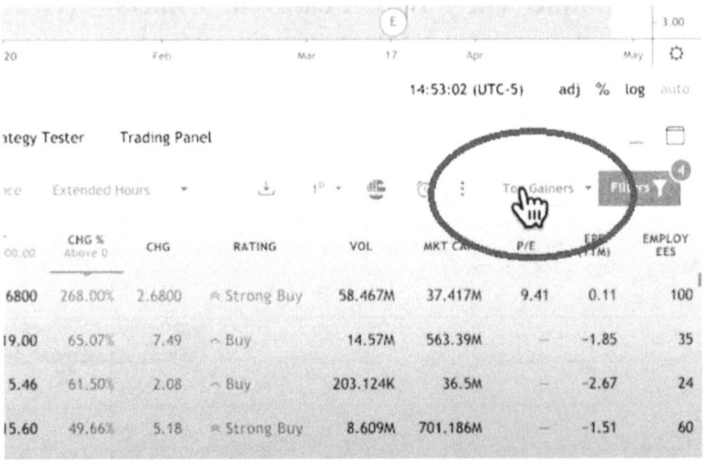

3. **Escolha a lista predefinida:**
   Para configurar seu próprio scanner personalizado, basta escolher qualquer um deles no menu suspenso, não importa qual, e mostrarei como configurá-lo para encontrar ações para vender suas *Puts*.

4. **Ajustando filtros:**
   Depois de escolher qualquer uma das listas predefinidas no menu suspenso, ao lado dela, clique em "Filters" (Filtros).

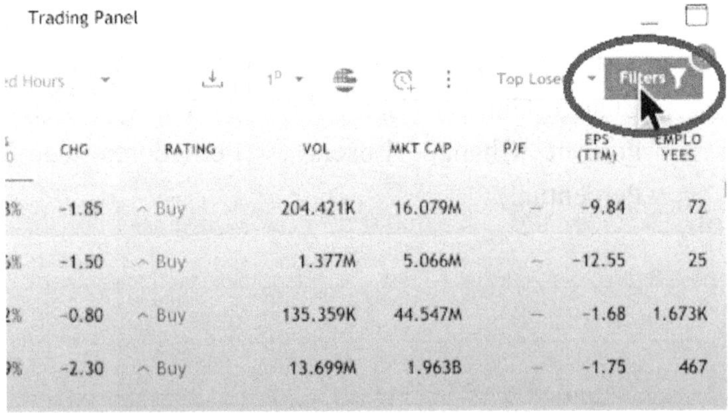

Agora você pode ajustar os critérios como fizemos em BarCharts para encontrar uma boa ação para "The Wheel". Aqui estão os quatro filtros que gosto de ajustar:

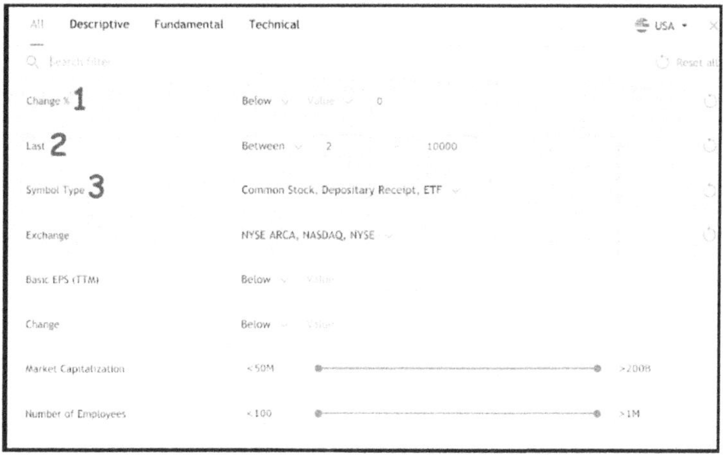

1. **Change % (Variação Percentual):** O primeiro critério que você pode alterar é "change %.". Gosto de ver uma variação percentual diária, onde a ação caiu mais de 2%, então você insere um "-2" neste campo.

2. **Last (Último):** O segundo critério que você pode alterar é o "Last" ou o último preço. Gosto de encontrar ações que estão negociando entre $30 e $250. Esta é a faixa de preço que eu pessoalmente gosto de usar, mas você pode definir essa faixa de dólares de acordo com sua preferência pessoal.

3. **Symbol Type (Tipo de Símbolo):** Em termos de "Symbol Type", que é o terceiro campo que altero, estou apenas procurando ações ordinárias, então marquei a caixa para "Ações ordinárias" e deixo o resto desmarcado.

4. **Volume:** O quarto e último critério que mudo é o filtro "Volume". Ajusto esse filtro para ações que estão negociando um volume de, no mínimo, um milhão de ações por dia, até ANY (QUALQUER). Eu apenas deixo no máximo. Estas são as únicas quatro coisas que estou mudando. Você não precisa alterar nenhum outro campo neste Analisador de Ações.

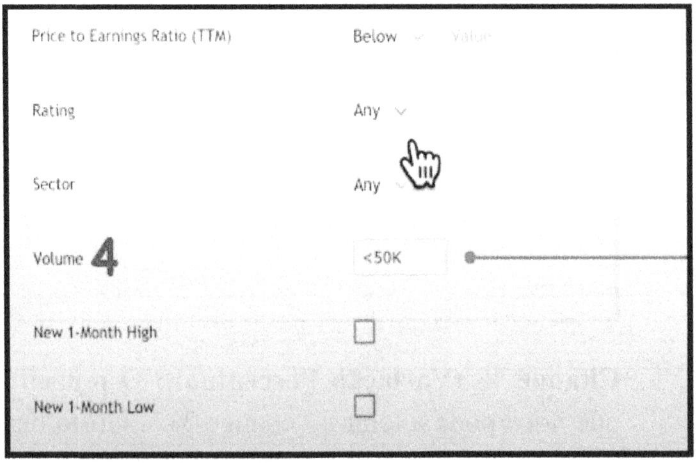

5. **Salvando suas configurações:**
Depois de fazer essas quatro alterações, clique no "X" no canto superior direito desta janela "Filters" e você verá uma lista das ações que atendem aos critérios no menu suspenso. O screener predefinido que você alterou agora tem um asterisco ao lado de seu nome, significando que você fez alterações nele. Clique neste menu suspenso novamente e você verá "Save Screens As..." (Salvar Análises como...) no topo. Você pode nomear este novo Stock Screener personalizado como quiser.

6. **Personalização de colunas:**
Agora você verá as ações que atendem a esses novos critérios nos resultados e pode simplificar ainda mais.

Existem várias colunas de informações, como Ticker, Last, Change %, e muitos outros.

Eu, pessoalmente, não preciso da maioria dessas colunas, e você pode remover uma coluna clicando com o botão direito no nome e selecionando "Remover coluna".

Eu gosto de manter só Ticker, Last, Change % e Sector. Estas são as únicas quatro colunas nas quais estou interessado. Você também pode salvar essas preferências de coluna da mesma forma que salvamos nossas preferências de filtro.

Dessa forma, se você for a qualquer outro rastreador, poderá escolher essa preferência de coluna e usar nele também.

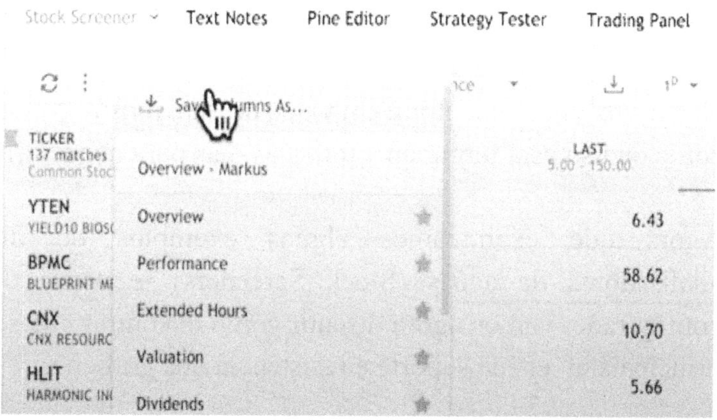

Você o salva clicando no menu suspenso, logo acima da lista de ações e selecionando "Save Columns As..." (Salvar Colunas Como), e nomeando-o como você quiser.

Ferramenta Nº 3: PowerX Optimizer

As ferramentas acima são gratuitas e têm suas limitações:

Como você pode ver, elas não são muito fáceis de configurar.

E você notará que os resultados são "ok". Essas ferramentas fazem o melhor que podem com sua funcionalidade limitada.
Eu pessoalmente uso **o PowerX Optimizer.**

É uma ferramenta que desenvolvi especificamente para as estratégias "PowerX" e "The Wheel".

O Power Optimizer me mostra as melhores ações para negociar e as probabilidades de sucesso.

Se você estiver interessado em aprender mais sobre esta ferramenta, visite myTradingRoutine.com.

Nesse site, você encontrará um vídeo no qual mostro passo a passo como eu uso esta ferramenta todos os dias para negociar.

Agora que examinamos alguns exemplos de diferentes analisadores de ações (Stock Screeners), e como os tenho configurado, vamos agora discutir como encontrar e desenhar os principais níveis de suporte e resistência nos gráficos.

Etapa 3: Encontre ações em viés de alta ou com forte suporte.

Ao procurar a ação certa, certifique-se de que ela esteja com viés de alta ou se movendo lateralmente em um nível de suporte forte. Ações que estão se comportando dessa maneira são ideais para a Estratégia "The Wheel".

A pergunta-chave: como exatamente você descobre se uma ação tem um suporte forte?

Como trader, você deve ser capaz de identificar níveis fortes de suporte e resistência. Pela minha experiência, muitos traders tendem a complicar demais o processo de identificação desses níveis. Portanto, nesta próxima seção, mostrarei como eu determino de forma rápida e fácil os principais níveis de suporte e resistência.

Suporte e resistência

Então, quais são exatamente os níveis de suporte e resistência? Esses são níveis pelos quais o preço de uma ação, ETF, etc. tem dificuldade de atravessar. A ação pode fazer uma pausa no suporte e resistência ou até mesmo, rebater dele.

O suporte é o nível abaixo do preço que atua como um piso no qual o preço tem dificuldade de atravessar e continuar descendo.

A resistência é o nível acima do preço que atua como um teto para o qual o preço tem dificuldade de atravessar e continuar subindo. Quando o preço rompe um nível de resistência, esse nível geralmente se torna o novo suporte. E o oposto é verdadeiro. Quando o preço rompe um nível de suporte, esse nível transforma-se frequentemente na sua nova linha de resistência.

Existem dois tipos de suporte e resistência:

1. Estático - Em um gráfico, pode ser em linha reta ou angulada. Os exemplos são os níveis de Fibonacci ou linhas de tendência simples.

2. Dinâmico - São tipos de linhas de suporte e resistência que se ajustam automaticamente. Exemplos são médias móveis ou bandas de Bollinger.

Usando o Tradingview para encontrar suporte e resistência

Para todas as minhas atividades de gráficos, prefiro usar o TradingView.

Claro, você também pode usar a plataforma do seu corretor, como ThinkOrSwim da TD Ameritrade ou Street Smart Edge da Charles Schwab.

Se você quiser checar o TradingView, estou usando a versão "Pro": https://www.rockwelltrading.com/tradingview

Você mesmo pode adicionar níveis de suporte e resistência no gráfico como uma referência visual.

Para começar, você pode digitar qualquer cotação da bolsa na barra de pesquisa.

A seguir , usarei a TSLA como um exemplo para mostrar como fazer isso.

Encontrando níveis de suporte e resistência estáticos

Agora vamos dar uma olhada em como podemos encontrar ações com uma tendência de alta ou forte suporte no geral usando o TradingView.

Se você estiver usando outra plataforma de gráficos, essas etapas serão muito semelhantes.

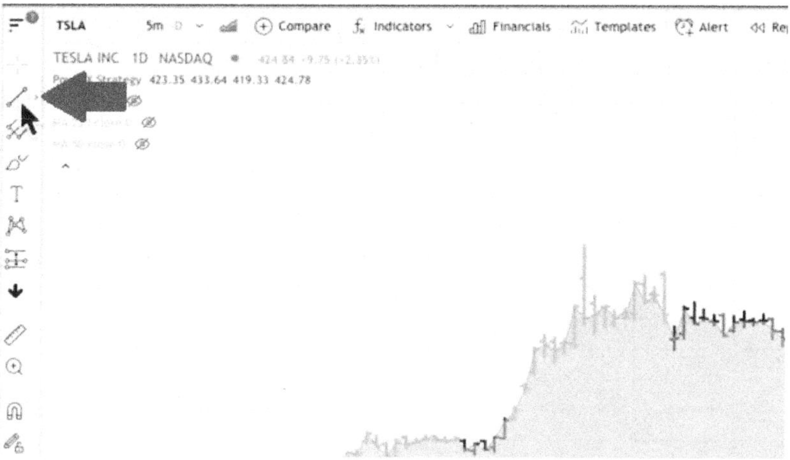

Para adicionar uma linha ao gráfico, neste caso, para ilustrar as linhas de suporte e resistência estáticas, clique no ícone da ferramenta de linha na coluna à esquerda do gráfico.

Para usá-lo para desenhar sua linha de tendência, basta clicar / segurar o botão esquerdo do mouse no gráfico onde deseja que a linha comece e arrastar o mouse para onde deseja que a linha termine e soltar o botão.

As linhas de suporte podem ser anguladas ou horizontais.

Para encontrar uma linha de suporte, você deseja encontrar pontos no gráfico onde os preços caíram e desenhar uma linha conectando-os. Essas quedas funcionarão como pontos de contato e você deseja conectar o maior número de pontos de contato quanto possível.

Esta linha representa um nível de suporte onde os preços estão sendo rebatidos. O nível de suporte age como uma barreira e o preço tem dificuldade de atravessar e ir abaixo.

Como você pode ver neste gráfico da TSLA, sempre que o preço caiu, ele não caiu além desta linha de suporte.
Este é um sinal de forte suporte.

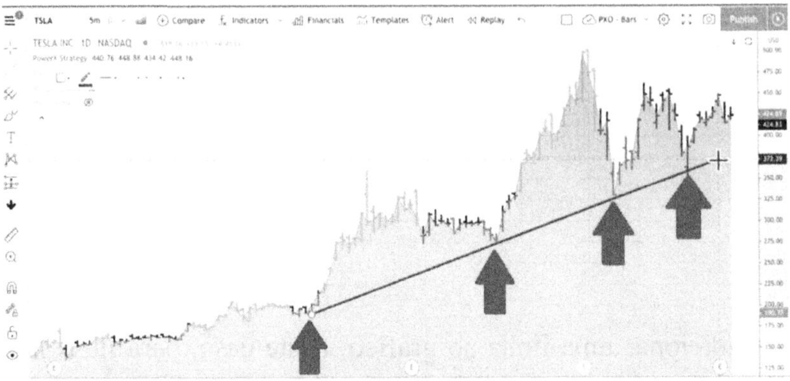

Você encontra a resistência da mesma maneira - só que em vez de desenhar uma linha conectando os fundos no gráfico, você desenha uma linha conectando os picos.

Esses picos também atuam como pontos de contato e você deseja conectar o maior número possível.

Esta linha é o nível que o preço teve dificuldade em romper, agindo como seu nível de resistência.

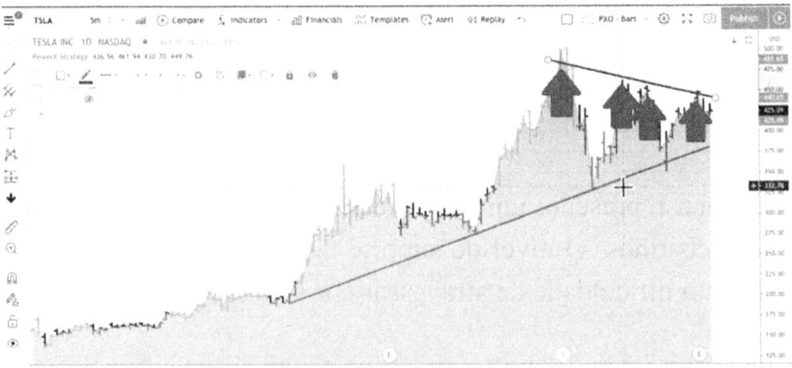

Então, como você encontra forte suporte estático e resistência?

- **Afaste o zoom do gráfico.**
  Você não pode olhar para um prazo muito estreito para encontrar forte apoio e resistência; Às vezes, você precisa contemplar vários meses. Quanto mais você diminuir o zoom, mais forte será o suporte e a resistência.
- **Concentre-se nos níveis 'grandes' de suporte e resistência.**
  Não se preocupe com suporte e resistência em gráficos de 5 minutos, a menos que esteja fazendo day-trade. Concentre-se em suporte e resistência em gráficos diários e semanais.
- Quanto mais "tocadas", mais forte é o suporte e a resistência.

Aqui está um exemplo de uma ação WYNN, que negociei recentemente.:

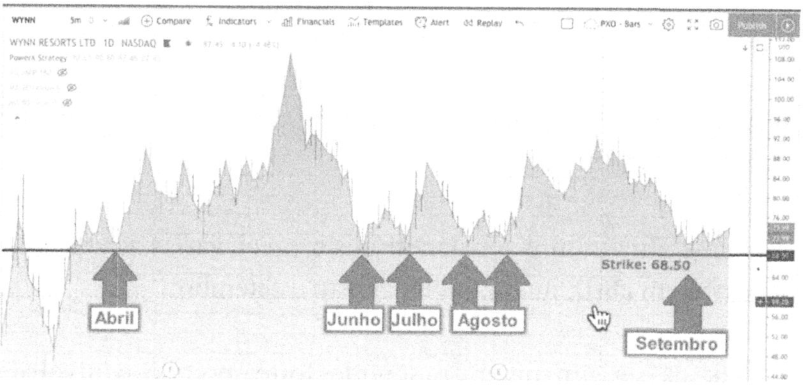

Quando eu estava olhando para esta ação, vi suporte em torno de $68,50 - $69,00

Os preços atingiram e rebateram neste nível várias vezes: Isso aconteceu em abril, junho, julho, agosto e setembro.

Este parece ser um nível de suporte forte, porque o nível de suporte se manteve por um período de 5 meses.

Se eu tivesse ampliado muito, eu teria visto apenas onde o preço tocou a linha de suporte em setembro, talvez agosto, e teria sido difícil reconhecer um suporte forte.

Vamos dar uma olhada na linha de resistência para este mesmo gráfico.

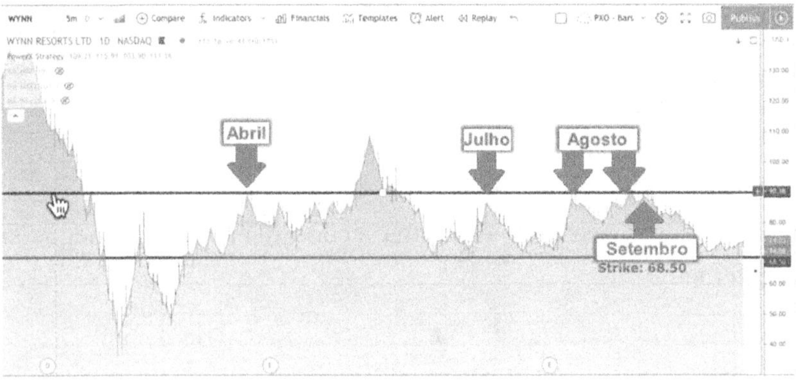

Quando eu estava olhando para esta ação, vi suporte em torno de $68,50 - $69,00

Os preços atingiram e rebateram neste nível várias vezes: Isso aconteceu em abril, junho, julho, agosto e setembro.

Este parece ser um nível de suporte forte, porque o nível de suporte se manteve por um período de 5 meses.

Se eu tivesse ampliado muito, eu teria visto apenas onde o preço tocou a linha de suporte em setembro, talvez agosto, e teria sido difícil reconhecer um suporte forte.

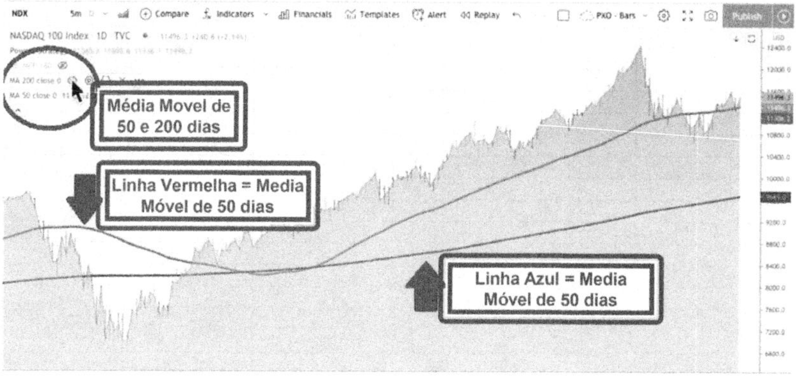

Neste gráfico, a linha vermelha representa a média móvel de 50 dias, enquanto a linha azul representa a média móvel de 200 dias.

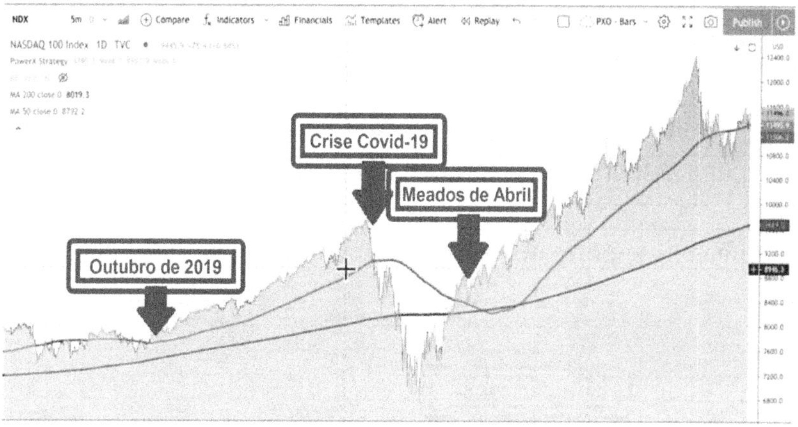

Você pode ver que a média móvel de 50 dias agiu como um suporte, começando em outubro de 2019.

Você pode então ver uma queda acentuada quando iniciou a pandemia de Covid-19, mas em meados de abril, a média móvel de 50 dias voltou a atuar como um suporte novamente.

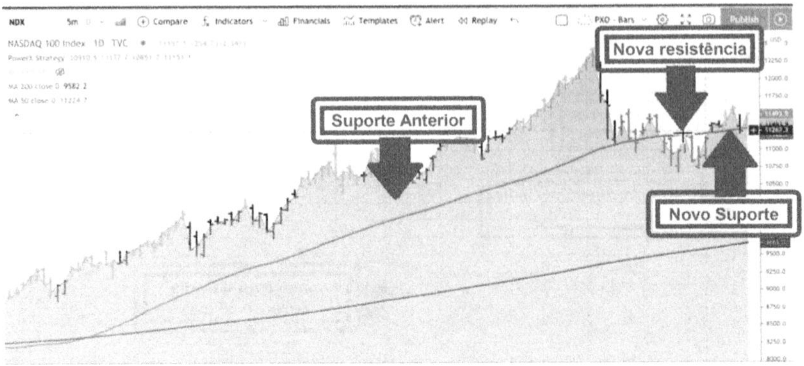

Sempre que um preço ultrapassa a média móvel, a média móvel dos 50 dias anteriores, se tornará uma nova resistência.
E quando o preço rompe essa nova resistência, ele se torna o novo nível de suporte.

Nota: A média móvel de 200 dias é mais importante quando se olha para as tendências de longo prazo.

As linhas de suporte dinâmicas entretanto têm suas limitações.

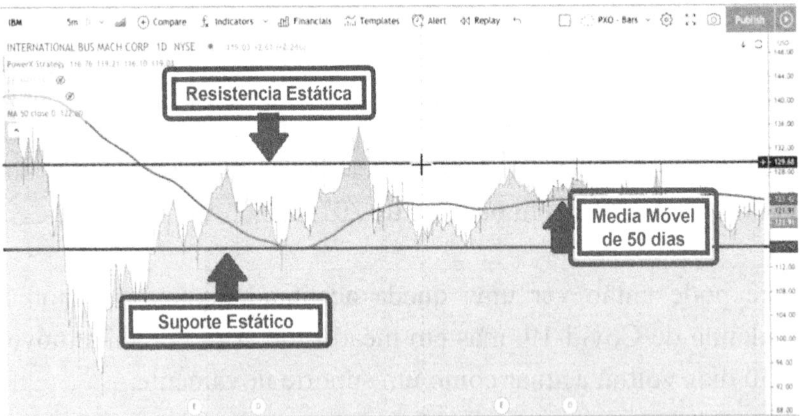

Se você observar neste gráfico da IBM, a média móvel de 50 dias realmente não mostra nenhum suporte e resistência.

Mas quando você usa níveis estáticos, como descrito no capítulo anterior, é bastante fácil encontrar apoio e resistência.

E muitas vezes, os níveis estáticos de suporte e resistência são mais fortes do que os dinâmicos.

É por isso que prefiro traçar minhas próprias linhas de suporte e resistência, conforme descrito no capítulo anterior.

Mas se você for iniciante na análise técnica e preferir uma solução mais automatizada, há uma infinidade de indicadores diferentes que os traçarão para você.

Etapa 4: Verifique a calculadora “The Wheel”

O segredo para uma negociação bem-sucedida é ser muito exigente e ter certeza de que está obtendo as melhores trades.

Eu NUNCA faria um trade “The Wheel” sem passar pela minha ferramenta, “The Wheel Calculator'”.

Fazer trades sem as ferramentas certas é como tentar competir na Fórmula 1 “pilotando” um jegue. Nada contra o jegue, mas você não teria a menor chance de vencer.

Quando você está fazendo trades, você está negociando contra algumas das mentes mais inteligentes do mundo. E se você quiser competir e vencer, você precisa estar armado com as melhores ferramentas para ter uma vantagem. Fazer trades sem as ferramentas certas é como levar uma faca para um tiroteio.

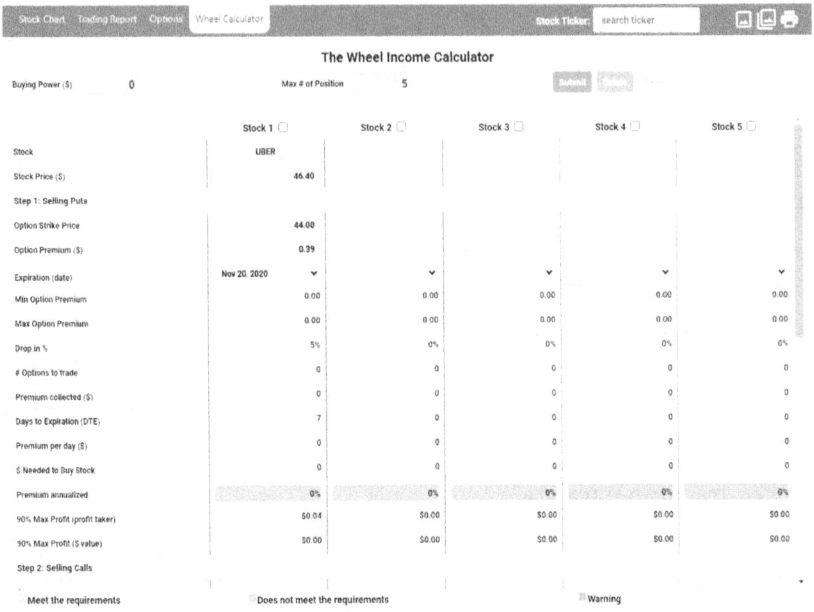

	Stock 1	Stock 2	Stock 3	Stock 4	Stock 5
Stock	UBER				
Stock Price ($)	46.40				
Step 1: Selling Puts					
Option Strike Price	44.00				
Option Premium ($)	0.39				
Expiration (date)	Nov 20, 2020				
Min Option Premium	0.00	0.00	0.00	0.00	0.00
Max Option Premium	0.00	0.00	0.00	0.00	0.00
Drop in %	5%	0%	0%	0%	0%
# Options to trade	0	0	0	0	0
Premium collected ($)	0	0	0	0	0
Days to Expiration (DTE)	7	0	0	0	0
Premium per day ($)	0	0	0	0	0
$ Needed to Buy Stock	0	0	0	0	0
Premium annualized	0%	0%	0%	0%	0%
90% Max Profit (profit taker)	$0.04	$0.00	$0.00	$0.00	$0.00
90% Max Profit ($ value)	$0.00	$0.00	$0.00	$0.00	$0.00
Step 2: Selling Calls					

A Calculadora “The Wheel” é uma ferramenta que meu Coach principal Mark Hodge e eu desenvolvemos, e agora está embutida em nosso software de negociação proprietário, **The PowerX Optimizer.**

Ele foi projetado para mostrar rapidamente se uma opção atende aos requisitos que estou procurando para negociar a estratégia “The Wheel”.

É muito fácil de usar e faz todos os cálculos para você. Isso vai lhe poupar não apenas tempo, mas dinheiro, pois evitará que você cometa erros caros.

Tudo que você precisa fazer é inserir as informações necessárias para a opção, e “The Wheel Calculator”, fará o resto.

Você simplesmente começa inserindo seu poder de compra e o número máximo de posições que deseja assumir. Gosto de gerenciar 5 posições por vez.

Deste ponto, a calculadora "The Wheel" é dividida em duas etapas:

A primeira é usada quando você está vendendo *Puts,* e a segunda o ajuda quando você está vendendo *Calls*.

Vamos começar vendendo *Puts*:

Quando você encontrar uma ação na qual está interessado e descobrir por qual preço estaria disposto a comprá-la, insira os seguintes dados na calculadora:

- Stock Ticker (Símbolo da Ação)
- Current Stock Price (Valor Atual da Ação)
- Option *Strike* Price (Valor de *Strike* da Opção)
- Option Premium (Prêmio da Opção)
- Expiration Date (Data de Expiração)

A Calculadora "The Wheel" analisará os números e você poderá decidir se a venda de *Puts* neste *Strike* atende aos seus critérios. Você pode então decidir se o trade faz sentido, se você deve vender em um *Strike* diferente com base nos resultados, ou apenas ignorar esse trade.

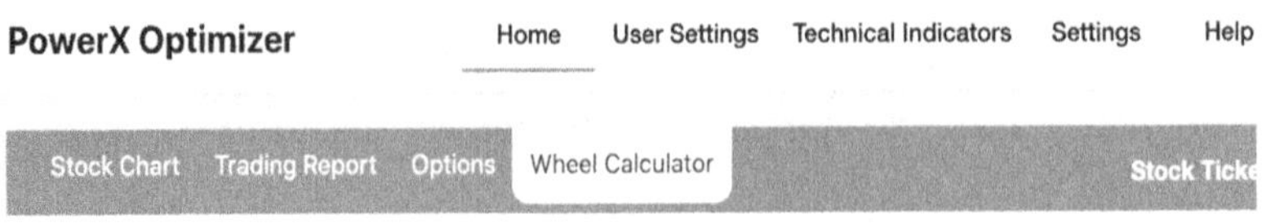

The Wheel Income Calculator

Buying Power ($) 130000 | Max # of Positions 5 | # of Columns 5

		Stock 1	Stock 2	Stock 3
Stock		LEN	FL	PHM
Stock Price ($)		74.61	39.18	41.04
Step 1: Selling Puts				
Option Strike Price		71.00	37.50	39.00
Option Premium ($)		0.40	0.10	0.15
Expiration (date)		Jan 8, 2021	Jan 8, 2021	Jan 8, 2021
Min Option Premium		0.23	0.12	0.13
Max Option Premium		0.31	0.16	0.17
Drop in %	(1)	5%	4%	5%
# Options to Trade	(2)	4	7	7
Premium Collected ($)	(3)	160	70	105
Days to Expiration (DTE)	(5)	3	3	3
Premium Per Day ($)	(4)	40	18	26
$ Needed to Buy Stock	(6)	28,400	26,250	27,300
Premium Annualized	(7)	51%	24%	35%

Ao observar o -, a Calculadora "The Wheel" mostra exatamente a porcentagem que uma ação pode cair no preço (1) antes que a *Put* fique "no dinheiro" (ITM) e possivelmente seja exercida.

A Calculadora "The Wheel" mostrará claramente ...

(2) Quantos *Puts* você pode vender com base em seu poder de compra.

(3) Quanto Prêmio você coletará por contrato.

(4) O Prêmio que você vai coletar por dia para cada contrato, tornando mais fácil ter certeza de que você vai ganhar Prêmio Por Dia (PPD) o suficiente, em cada posição.

(5) O número de dias até a expiração.

(6) E o valor total que as ações vão custar se você for exercido. Dessa forma, você não estoura sua conta.

A célula para Prêmio anualizado (7) na planilha será até realçada em verde, amarelo ou vermelho para que seja fácil ver como está o prêmio coletado.

- Verde indica que a venda da *Put* atenderia aos nossos requisitos,
- Vermelho significa que não, ou seja, o prêmio não é alto o suficiente para ser negociado e
- Amarelo indica um aviso de que o prêmio é excepcionalmente alto.

Premium Per Day ($)	40	18	26
$ Needed to Buy Stock	28,400	26,250	27,300
Premium Annualized	51%	24%	35%

Quando você vê um aviso amarelo, geralmente é um sinal de que você esqueceu algo, por exemplo, Trade no período de divulgação de resultados ou *Strike* está muito próximo.

Um "aviso" não significa que você não deve aceitar a troca. Significa apenas que você deve verificar duas ou três vezes este trade para ter certeza de que não esqueceu nada.

A calculadora "The Wheel" também ajuda quando você recebe ações e está pronto para começar a vender *Call* contra essas ações.

Abordarei a venda de *Calls* no Capítulo 8, mas quando você chegar ao ponto em que está vendendo *Call*, tudo o que você precisa fazer é ...

(1) Inserir o ticker da ação,
(2) O preço pelo qual a ação foi comprada,
(3) O número de ações que você possui,
(4) O *Strike* da *Call,*
(5) Prêmio que você receberia por ação e,
(6) A data de expiração.

Stock 1 ☐

Step 2: Selling Calls

Stock	(1)	**LEN**
Price Stock was Bought At	(2)	71.00
# of Shares	(3)	400
Option Strike Price	(4)	73.00
Option Premium ($)	(5)	0.80
Expiration (date)	(6)	Jan 15, 2021 ⌄

A calculadora vai te mostrar…

(1) Qual a porcentagem que o preço da ação teria que mover para chegar ao *Strike*,
(2) O número de opções sendo negociadas,
(3) O valor total do Prêmio sendo coletado,

(4) Os dias até o vencimento (DTE),
(5) Quanto Prêmio está sendo recebido por dia,
(6) Valor da posição e,
(7) O percentual anualizado de prêmio.

Rise in %	(7)	3%
# Options to Trade	(8)	4
Premium Collected ($)	(9)	320
Days to Expiration (DTE)	(10)	10
Premium Per Day ($)	(11)	29
Position Value	(12)	28,400
Option Premium annualized	(13)	37%

Se a ação for exercida, ele também mostrará ...

(1) Qual seria o lucro da venda dessas ações,
(2) A porcentagem de ganhos com ações para o período de guarda e,
(3) O ganho total das ações e das opções.

Esta é a aparência da Calculadora “The Wheel” :

Stock Gains If Exercised	(14)	800.00
Stock Gains for Holding Period	(15)	3%
Total Gain (Option and Stock)	(16)	**$1,120.00**

Você já pode ver como a Calculadora “The Wheel” é uma ferramenta inestimável. Fazendo as contas para nós e apresentando as informações de maneira organizada, economizamos tempo, evitamos erros caros e talvez algumas dores de cabeça.

OK, agora que você sabe como encontrar uma ação que atenda aos nossos critérios depois de passar por nossa "Calculadora “The Wheel”, agora é hora de realmente fazer o trade.

Nos próximos 3 capítulos, irei revisar essas três etapas “The Wheel”, em mais detalhes:

1. Vendendo *Puts*,
2. Exercício e,
3. Vendendo *Calls*.

Capítulo 7

A estratégia - Parte II: Vendendo *Puts*

Há mais duas coisas que preciso abordar antes que você possa começar a fazer trades utilizando a estratégia "The Wheel".

Requisitos de capital

Ao fazer trades seguindo a estratégia "The Wheel", é possível (e normalmente desejável), em uma venda de *Put* ser exercido e comprar ações quando ela fechar abaixo do *Strike* que você definiu.

Falaremos sobre 'Exercício", com mais detalhes no próximo capítulo, mas é importante tocar nisso agora.

Conforme explicado no capítulo anterior, antes de começar a vender *Puts*, você deve primeiro escolher uma ação que se sinta 100% confortável em possuir no *Strike* que vendeu.

E é por isso que você precisa ter poder de compra suficiente em sua conta, caso você seja exercido.

A quantia de que você precisa depende de seus objetivos pessoais, mas como diretriz geral, recomendo que você tenha pelo menos $20.000 de poder de compra em sua conta da corretora para esta estratégia.

Se você usar uma conta de margem, isso significa que precisa colocar $10.000 em dinheiro na conta.

Puts garantidas por dinheiro vs _Puts_ a descoberto.

A etapa **1** da estratégia "The Wheel" é "Vendendo *Puts*".

Há duas maneiras de vender *Puts*: Garantida por dinheiro ou a descoberto.

Aqui está o que isso significa:

Digamos que você queira vender *Puts* da Lennar (LEN) com um preço de exercício de $71:

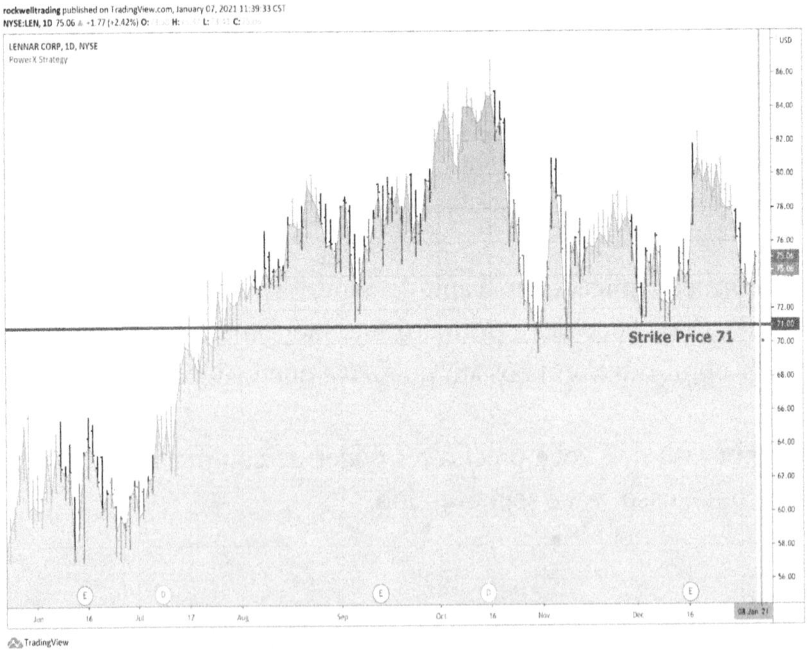

Se LEN estiver sendo negociada abaixo de $71 na data de expiração, você será exercido e deve comprar 100 ações da LEN para cada opção que você vendeu por $71.

Se você vendeu 1 opção, teria que comprar 100 ações por $71, portanto, você precisa de $7.100 em sua conta para fazer isso.

Digamos que você tenha $10.000 em sua conta da corretora.

Quando a negociação é "garantida em dinheiro", isso significa que seu corretor exige o valor total de $7.100 que seria necessário para comprar 100 ações ao preço de exercício vendido ($71).

Mas aqui está o empecilho:

A maioria dos corretores não exige o valor total de $7.100 para vender a *Put*.

A Tastyworks, o corretor que estou usando, requer apenas $1.050,25!

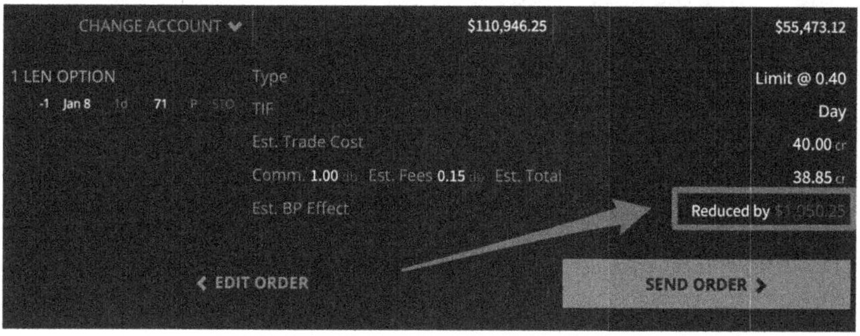

Isso significa que você realmente pode vender 9 *Puts*. Para essas 9 opções, o corretor exigiria $9.452,25.

E como você tem $10.000 em sua conta da corretora, pode coletar 9x o prêmio, certo?

ERRADO!

Porque se você fosse exercido, você precisaria de $7.100 para cada opção vendida, ou seja, $7.100 * 9 = $63.900.

E como você não tem dinheiro suficiente em sua conta, você receberá uma temida "chamada de margem" de seu corretor por mais de $53.900!

Uma Chamada de Margem ocorre quando você não tem dinheiro suficiente em sua conta para satisfazer os requisitos de conta definidos por seu corretor. Isso significa que seu corretor exigirá que você transfira o dinheiro, neste caso $53.900. E geralmente você tem que fazer isso no mesmo dia.

Se você não transferir o dinheiro, seu corretor venderá as ações no dia seguinte pelo preço que conseguir. E isso significa que você perde o controle sobre este trade!

Então você é pego "com as calças abaixadas", e é por isso que eles são chamados de "*puts nus*" ou "a descoberto".

Quando você vende uma *Put* a descoberto, está colocando apenas uma fração do valor da negociação como garantia. Mas você pode ter problemas quando for exercido. Portanto, sempre gosto de basear minhas negociações no meu poder de compra de ações.

Então, por que o corretor deixaria você vender esses *Puts* e exigir apenas $1.050,25 quando as ações custam $7.100?

Ele faz isso por dois motivos.

- Razão número 1: A maioria das opções expiram sem valor.

- Razão número 2: Mesmo que elas não expirem sem valor, a maioria dos traders compra a opção de volta, então a fecha antes que ela expire. E o corretor sabe disso.

  É por isso que geralmente exigem apenas 15% - 20% da margem total. E é normal você planejar encerrar o trade antes da expiração.

No entanto, ao negociar "The Wheel" , você realmente deseja ser exercido. Faz parte da estratégia!

Lembre-se, se não formos atribuídos, coletamos o Prêmio. Se formos atribuídos, então vendemos *Calls* contra nossas ações e cobramos ainda MAIS Prêmio.

Portanto, ao negociar "The Wheel , certifique-se sempre de ter o suficiente para cobrir o valor total em dinheiro da posição e nunca dependa apenas de "lançamentos a descoberto"!

Vendendo *Puts* da LEN

Agora que você entende a diferença entre *Puts* garantida por dinheiro ou *Puts* a descoberto, e por que eu acho que *Puts* garantida por dinheiro é o único caminho a percorrer, vamos dar uma olhada em um exemplo real.

Neste exemplo, eu estava negociando Opções na Lennar (LEN):

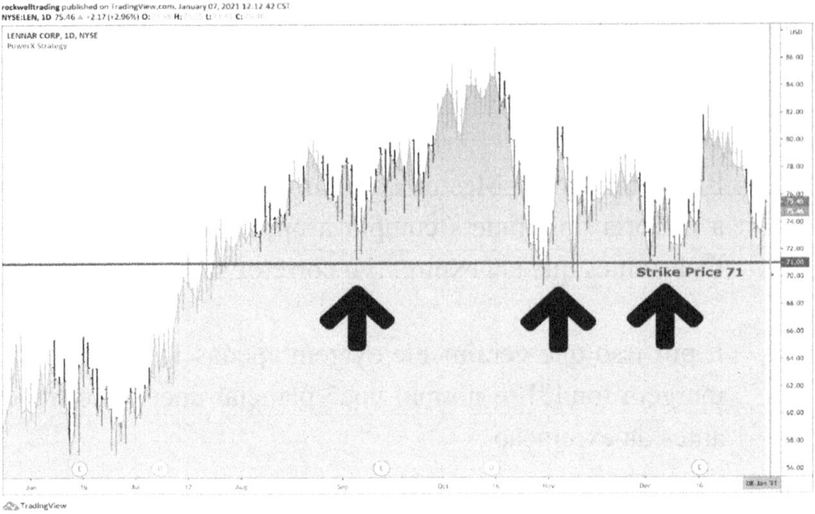

Vi no gráfico um forte suporte em $71 . Este nível de suporte foi tocado várias vezes e sempre se manteve.

Então decidi vender *Puts* com um *Strike* de $71.

Consegui obter $0,42 para opção com 4 dias até o vencimento e vendi 4 *Puts*.

Por essas 4 *Puts*, recebi $42 * 4 = $168 de prêmio.
Poucos dias depois, no dia de vencimento, o LEN fechou acima de$71 e eu consegui manter o prêmio total de $168.

Agora esta negociação está encerrada e a corretora está liberando a margem para que eu possa fazer a próxima negociação.

Essa foi fácil!

Mas deixe-me mostrar outro exemplo de um trade em que fui exercido.

Vendendo *Puts* de UBER - e sendo exercido

No verão de 2020, percebi que o UBER mostrou algum suporte no nível 30:

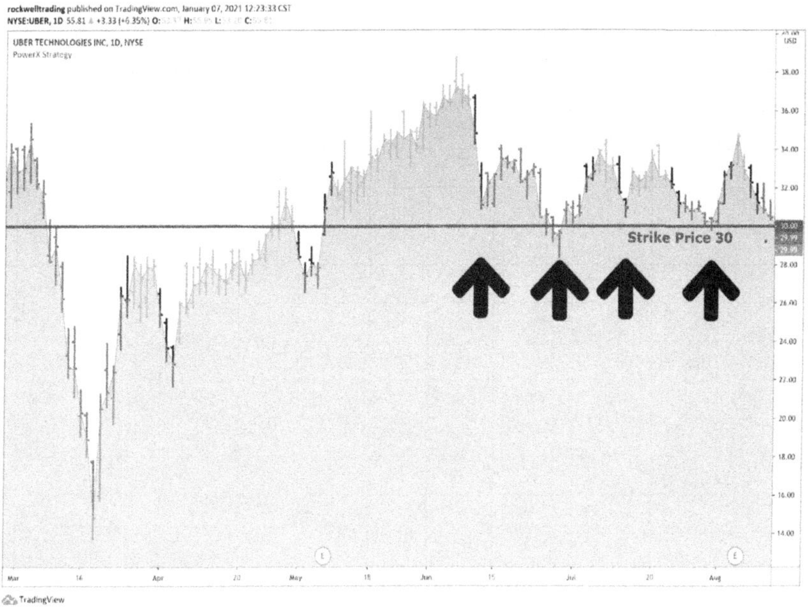

Então, em 7 de agosto, eu vendi *Puts* com um preço de exercício de $30.

Expirando em 14 de agosto, então eu tinha apenas 7 dias até o vencimento.

Eu poderia obter $0,25 de prêmio para cada opção e decidi vender 7 *Puts*. Portanto, o prêmio total que recebi foi de $175.

Se o UBER fechar acima de $30 em 14 de agosto (dia de expiração), eu simplesmente manteria os $175 que recebi e seguiria para a próxima negociação.

Mas o UBER tinha planos diferentes: No dia 14 de agosto, o UBER fechou a $29,99 e fui exercido. Agora eu era o orgulhoso proprietário de 700 ações da UBER.

Capítulo 8

A Estratégia - Parte III: Vendendo *Calls*

Quando você escolhe as *ações* certas e os *Strikes* certos, você não será exercido com frequência.

Mas você não deve ter medo de ser exercido, porque isso faz parte da estratégia "The Wheel". O exercício faz com que "The Wheel" (a roda) "gire".

Neste capítulo, você aprenderá o que fazer após receber ações do exercício.

Calls cobertas vs. _Calls_ a descoberto

Quando você vende uma *Call* sem possuir 100 ações por opção, então você está vendendo uma *Call* a descoberto.

Se você possuir o ativo subjacente, estará vendendo uma *Call* coberta por ações de sua propriedade, conhecida como "*Covered Call*".

Como o exercício faz parte da Estratégia "The Wheel", haverá momentos em que você estará comprando ações pelo *Strike* da *Put* que vendeu. E quando você toma posse dessas ações, a próxima etapa em "The Wheel" é vender as *Calls* cobertas.

A venda de *Calls* cobertas funciona muito bem com a estratégia "The Wheel" porque permite que você receba mais prêmios sobre as ações que você tem em sua carteira.

Você venderá **1** *Call* para cada **100** ações que possui em sua carteira.

E mesmo que possa ser assustador ser exercido, pode ser a parte mais lucrativa da estratégia.

A coisa mais importante a lembrar é que você vende apenas 1 *Call* para cada 100 ações atribuídas, porque caso contrário, você está vendendo opções a descoberto.

E vender *Call* a descoberto é uma estratégia super arriscada, pois o risco é ilimitado.

Deixe-me explicar:
Quando você vende um *Put*, precisa comprar as ações subjacentes ao preço de *Strike*.

Em nosso exemplo UBER do capítulo anterior, vendemos *Puts* com um preço de exercício de $30. Isso significa que temos que comprar 100 ações por *Put* que vendemos.

Portanto, o requisito de capital para este trade é $30 * 100 = $3.000.

E esse também é o seu risco máximo, já que a ação não pode ficar abaixo de $0.

Por outro lado, ao vender uma *Call*, você é obrigado a vender 100 ações para cada *Call* ao preço de exercício vendido.

Digamos que você vendeu uma *Call* com preço de exercício de $30.

Então você tem que vender 100 ações do UBER por $30.

Se o UBER subir para $40, você perderá $10 * 100 ações = $1.000.
E se o UBER subir para $60, você perderá $30 * 100 ações = $3.000.
Se o UBER subir para $150, você perderá $120 * 100 ações = $12.000.

Não há limite de quão alto o UBER pode ir e, portanto, seu risco é ilimitado.

Tenha sempre em mente:

- Ao vender *PUTS* A DESCOBERTO, seu risco é limitado ao preço de exercício * 100.
- Ao vender *CALLS* A DESCOBERTO, seu risco é ilimitado!

Portanto, certifique-se de vender apenas *Calls* COBERTAS, porque então você tecnicamente NÃO tem RISCO com a opção.

Ser exercido é bom!

Muitos traders que são iniciantes na estratégia “The Wheel”, tentam evitar ser exercidos, eu entendo o porque:

Quando você é exercido, geralmente verá uma PERDA em sua conta.

Aqui está um exemplo:
Se vendêssemos a UBER $30 *Puts*, seríamos exercidos quando o UBER estivesse abaixo de $30 no dia de expiração da opção.

Digamos que o UBER esteja sendo negociado a $29 no dia de vencimento.

Isso significa que você precisa comprar ações por $30, e agora elas valem apenas $29.
Então você tem uma “perda não realizada” de $1 por ação, ou seja, $100 por opção que você vendeu, já que opções vem em “pacotes de 100”, como você já sabe.

E se você vendeu 7 *Puts*, teria uma perda não realizada de $700.

Isso pode assustar você!

“O importante é uma perda não realizada”.

Você só incorreria na perda se vendesse suas ações agora.

Mas não é isso que faremos.

Nosso plano é manter as ações, vender *Calls* e receber mais prêmios.

Continuação do trade de UBER.

Vamos revisitar o comércio do UBER que começamos no Capítulo 7.

Para recapitular:

1. Eu vi que o UBER estava andando de lado e tinha suporte no nível de $30.
2. Decidi que me sentiria confortável em possuir ações da UBER por $30 SE eu fosse exercido.
3. Vendi 7 *Puts* para UBER com *Strike* de $30, com uma semana até o vencimento por $25 o contrato.
4. Eu coletei $175 no total para os 7 contratos ($25 para cada contrato) em uma semana.
5. No dia do vencimento, o preço do UBER caiu para menos de $30 e recebi essas ações.
6. 7 *Puts* a 100 ações cada significa que tive que comprar 700 ações da UBER a $30 por ação.
7. 700 ações da UBER a $30 cada significa que paguei $21.000 no total por trade.

Portanto, esta foi a Parte I e a Parte II de "The Wheel": Vendendo *Puts* e *Exercício*.

Agora, a Parte III é "Vendendo *Call* Cobertas" contra as ações do UBER em que acabei de ser exercido, e é isso que revisaremos agora.

Como eu tinha 700 ações do UBER, vendi 7 *Calls* Cobertas contra essas ações.

Eu vendi 7 *Calls* com um preço de exercício de $31 por $0,52 ou $52 para cada contrato, para um total de $364.

Essas *Calls* tinham data de expiração em 28 de agosto, e eu fiz este trade em 21 de agosto.

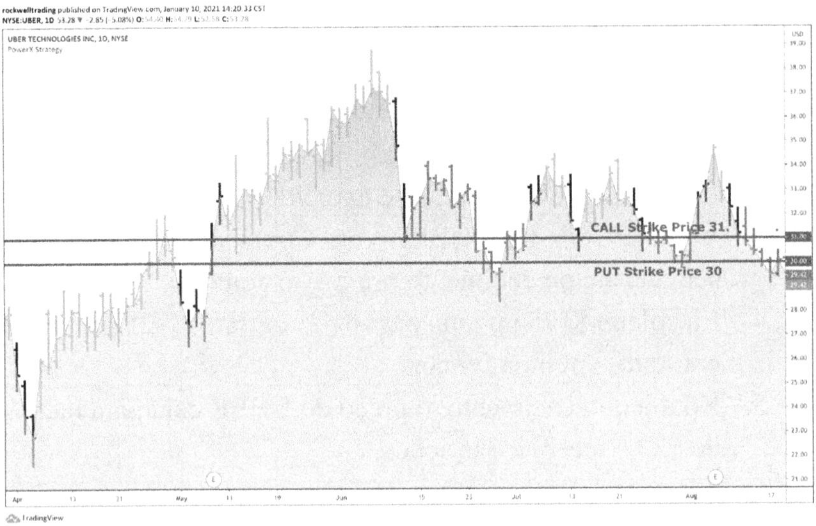

Aqui estão três cenários possíveis sobre como essa negociação poderia ter terminado no vencimento em 28 de agosto:

Cenário 1:
O preço do UBER fecha acima do preço atribuído, mas abaixo do *Call Strike* de 31.

Vamos recapitular:

- Vendemos *Puts* e coletamos $175 em prêmio.
- Adquirimos 700 ações.
- Vendemos *Calls* e recebemos $364 de prêmio.

Caso UBER: Fechar acima do *Strike*, manteremos o prêmio das opções que vendemos = \$175 (*Put* vendida) + \$364 (*Call* vendida) = \$539.

ALÉM DISSO, ganhamos dinheiro com as Ações que possuímos.

Por exemplo, se o UBER fecha em \$30,50 na data de vencimento de 28 de agosto, ganhamos \$0,50 por ação. Como possuímos 700 ações, ganharíamos \$350 adicionais com as ações.

Portanto, nosso lucro total seria:

- \$175 da venda de *Puts*
- \$364 da venda de *Calls*
- <u>\$350 das ações que possuíamos</u>
- **\$889 de lucro total.**

Neste ponto, nossas *Calls* expiram sem valor. Não temos nenhuma posição de opção aberta e temos 2 possibilidades:

- Agora podemos escolher fechar o trade com lucro e começar "The Wheel" novamente, ou
- Podemos vender mais *Calls* contra nossa posição existente e obter mais prêmio.

Cenário 2:
O preço do UBER fecha acima do *Strike* de \$31 da *Call*

Digamos que o UBER feche a \$32 em 28 de agosto (dia de validade).

Nesse caso, ainda manteremos nosso prêmio de vender as *Puts* e *Calls*, mas nosso lucro com as ações é limitado a \$1 por ação.

Eis o motivo: compramos as ações a $30 e temos que vendê-las a $31, já que vendemos uma *Call* com um *Strike* de $31.

Compramos 700 ações a $30 e as vendemos a $31, então ganhamos $700.

Portanto, nosso lucro total seria:

- $175 da venda de *Puts*
- $364 da venda de *Calls*
- <u>$700 de lucro das ações *que* possuíamos</u>
- **$1.239 de lucro total.**

Neste ponto, as *Calls* que vendemos estão "no dinheiro" (ITM) e o comprador da *Call* tem o direito de comprar ações de nós no *Strike* de $31 que vendemos.
Portanto, nossas ações são "canceladas".

As ações que compramos por $30 são retiradas de nossa conta para cumprir nossa obrigação com o comprador da *Call*. Neste ponto, não temos mais uma posição no UBER e nossa conta mostra a divisão do lucro mostrada acima. Isso é o que os traders chamam de **"estar limpo"**.

O trade está encerrado e agora podemos buscar outras oportunidades.

Cenário 3:
O preço do UBER fecha abaixo do preço atribuído de $30

Digamos que o UBER fecha a $29 em 28 de agosto (dia de vencimento).

Nesse caso, ainda manteremos nosso prêmio de vender as *Calls e Puts*, mas não ganhamos dinheiro com as ações.

Na verdade, agora mostramos uma perda não realizada de $1 por ação, uma vez que compramos as ações por $30 e o preço atual é $29. Portanto, nosso P&L mostrará uma perda não realizada de $700.

Em resumo, vemos:

- $ 175 em lucros de vendas *Puts*
- $ 364 em lucros de vendas *Calls*
- $ 700 de prejuízo não realizado, uma vez que nossas ações estão "submersas"
- **$ 539 em lucros realizados e $ 700 em lucros não realizados**

A boa notícia:
As *Calls* que vendemos expiraram sem valor, e agora podemos vender mais *Calls* contra nossas 700 ações existentes, e receber mais prêmios.

"The Wheel" (a roda) está girando ...

Claro, em algum momento, se o preço da ação continuar caindo, podemos não ser mais capazes de vender *Calls*. E falaremos sobre esse cenário no próximo capítulo.

Mas é assim que a estratégia "The Wheel" funciona:
Você apenas segue os mesmos passos indefinidamente, e "The Wheel" ("A Roda"), continua girando.

Caso você esteja se perguntando o que aconteceu comigo nesse trade:

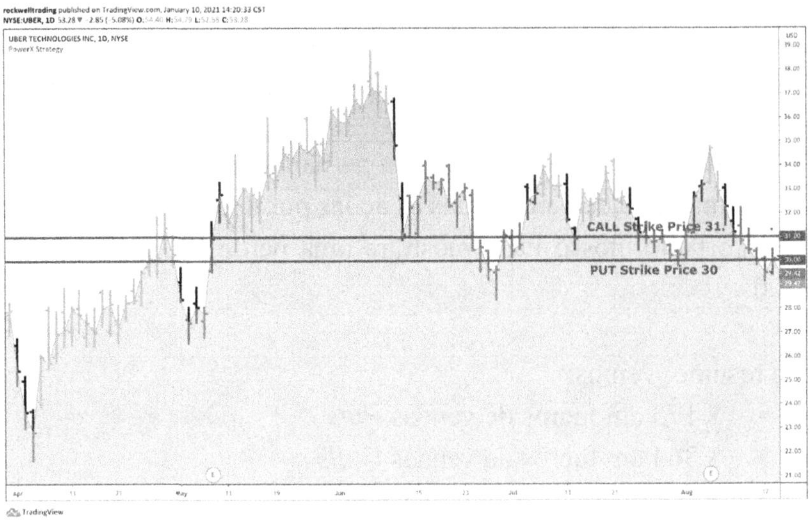

No dia 28 de agosto, o UBER fechou a$33,63 (cenário 2).

Portanto, meu lucro total nesta negociação foi:

- $175 da venda de *Puts*
- $364 da venda de *Calls*
- $700 de lucros não realizados das ações que possuíamos
- **$1.239 de lucro total**

Entrei na negociação em 7 de agosto.
Saí do trade 21 dias depois, em 28 de agosto.

Ganhei $1.239 em 21 dias = $59 por dia.
Se eu puder repetir isso indefinidamente, ganharia $59 * 360 dias = $21.2400 por ano.

E eu só precisava de $21.000 para essa negociação, então seria um retorno anual sobre o investimento (ROI) de 101%. Nada mal ...

Capítulo 9

O que você precisa saber antes de negociar esta estratégia

Agora você conhece os detalhes da estratégia "The Wheel", e antes de começar, há algumas outras coisas com as quais eu gostaria de "armar" você.

Permissões Para Negociação Opções

Antes de poder fazer um trade, primeiro você deve ter as permissões de negociação de opções corretas.

Existem quatro níveis de negociação de opções:

- Nível 1: **Venda** de *Puts* com Garantia Financeira e *Calls* Cobertas
- Nível 2: Nível 1 + **Compra** de opções
- Nível 3: Nível 1+ 2 + *Spreads* de Débito e Crédito
- Nível 4: Nível 1+ 2 + 3 + Estratégias Avançadas de opções

Se você deseja negociar a estratégia "The Wheel", precisará apenas das permissões de opções básicas de nível 1.

Mas normalmente ao abrir uma conta você precisa dizer a sua corretora que tipo de opções você deseja negociar .

Se você não especificar nada, a corretora irá atribuir a você "Nível 0", ou seja, sem permissões.

Abaixo está um exemplo de formulário de abertura de conta da TD Ameritrade, no qual eles perguntam "que tipo de atividade você planeja realizar em sua conta da corretora?"

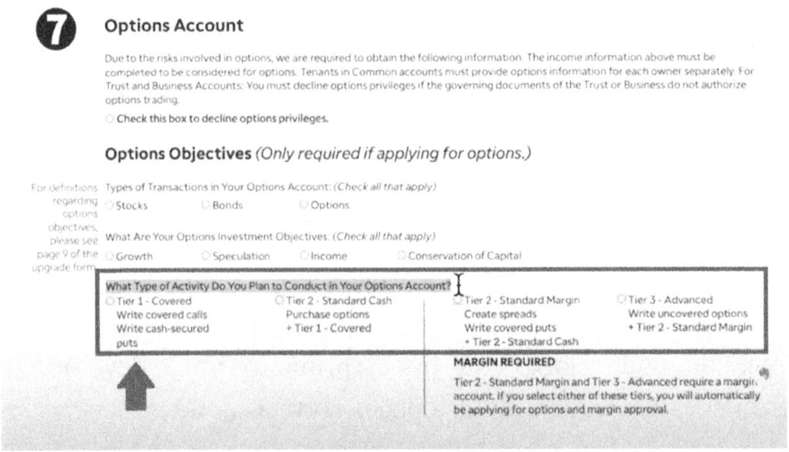
7 **Options Account**

Due to the risks involved in options, we are required to obtain the following information. The income information above must be completed to be considered for options. Tenants in Common accounts must provide options information for each owner separately. For Trust and Business Accounts: You must decline options privileges if the governing documents of the Trust or Business do not authorize options trading.

○ **Check this box to decline options privileges.**

Options Objectives *(Only required if applying for options.)*

For definitions regarding options objectives, please see page 9 of the upgrade form

Types of Transactions in Your Options Account: *(Check all that apply)*

○ Stocks ○ Bonds ○ Options

What Are Your Options Investment Objectives: *(Check all that apply)*

○ Growth ○ Speculation ○ Income ○ Conservation of Capital

What Type of Activity Do You Plan to Conduct in Your Options Account?

○ Tier 1 - Covered Write covered calls Write cash-secured puts	○ Tier 2 - Standard Cash Purchase options + Tier 1 - Covered	○ Tier 2 - Standard Margin Create spreads Write covered puts + Tier 2 - Standard Cash	○ Tier 3 - Advanced Write uncovered options + Tier 2 - Standard Margin

MARGIN REQUIRED

Tier 2 - Standard Margin and Tier 3 - Advanced require a margin account. If you select either of these tiers, you will automatically be applying for options and margin approval.

Não importa se você tem uma conta de dinheiro ou uma conta de aposentadoria:

Tudo o que você precisa para negociar a Estratégia "The Wheel", são as permissões mais baixas possíveis.

Neste formulário ilustrado acima, este seria o Nível I.

Se você já tem uma conta e não sabe quais permissões de negociação você tem, entre em contato com sua corretora e diga a ele para ajustar suas permissões de negociação para que você possa "vender *Puts* com garantia em dinheiro e *Calls* cobertas".

Não deve ter problemas para obter as permissões necessárias.

Testando a estratégia

Se você é novo em trades e ainda não usou um simulador de trade de papel, você deveria fazê-lo.

Alguns traders não usarão um simulador de trade de papel quando estão começando, porque não acham que seja uma representação precisa dos mercados reais.

E até certo ponto, isso é verdade. Sem arriscar dinheiro real, você não vai experimentar as emoções que vêm junto com o risco apenas negociando em um simulador. Mas mesmo com isso dito, ainda sou um grande fã de simuladores de negociação.

Pense nisso: Como eles treinam os pilotos?

Todo piloto deve começar em um simulador. Então, depois de muitas horas em um simulador, e depois de passar por uma série de testes, o piloto finalmente consegue ficar atrás dos controles de um avião real.

Se eles nunca tivessem essa experiência em um simulador, faria sentido eles começarem a voar em um avião real?

Claro que não!

Mesmo que fazer trades em um simulador não seja exatamente o mesmo que negociar com dinheiro real, você deve levar a sério a negociação em um simulador, por uma razão muito simples:

Se você perder "dinheiro" em um simulador, é quase certo que perderá dinheiro na negociação real.

Pense no exemplo do treinamento de pilotos:

Você acha que se um aspirante a piloto caísse no simulador todas as vezes, diríamos: *"Ah, não se preocupe com isso, você resolve isso quando estiver no ar ! Basta entrar no avião, que você vai se dar bem! "*

Claro que não!

E é a mesma idéia com um simulador de negociação:

Faça trades em um simulador até conseguir alguma consistência. Ter sucesso em um simulador não garante que você terá sucesso quando estiver fazendo trades ao vivo. Mas se você não tiver sucesso usando um simulador, provavelmente não terá sucesso ao fazer trades ao vivo.

Eu recomendo fazer trades em um simulador, por pelo menos 40 negociações.

- 40 negociações fornecem dados suficientes para se ter uma amostra estatisticamente significativa, menos que isso distorce o resultado. Pense nisso: Você poderia executar apenas 3 trades em um simulador e, embora todas elas sejam trades vencedores, isso não significa que você terá uma porcentagem de acertos de 100%.

Mesmo 10-20 trades não são suficientes. Aproveite o tempo no simulador e faça 40 trades. Sua conta da corretora agradecerá!

Então, onde você encontra um simulador de negociação?

Existem várias empresas que oferecem simuladores, e eu testei mais de uma dúzia deles. A maioria deles não era muito realista. No entanto, o que achei mais realista é o "PaperMoney" da ThinkorSwim.

É oferecido por meio da plataforma ThinkorSwim da TD Ameritrade. Você não precisa de uma conta da corretora real com eles para usá-lo. Tudo que você precisa fazer é se inscrever, fornecendo a eles algumas informações pessoais básicas, como seu nome, e-mail e endereço.

Algo para se ter em mente antes de começar a fazer trades no papel: A maioria dos simuladores tem um botão que diz "Reiniciar tudo" ou algo semelhante. Isso permite que você elimine tudo o que fez e comece do zero.

Isso pode parecer muito atraente quando você inicia a fazer trades de papel. Você faz alguns trades ruins no início e decide que quer apenas começar de novo.

NÃO FAÇA ISSO!

Na vida real, esse botão não existe quando se faz trades ao vivo com dinheiro real.

Seria bom se esse botão existisse durante os trades ao vivo, e você pudesse simplesmente pressioná-lo após um trade ruim, e todo o dinheiro fosse colocado de volta em sua conta.

Mas, uma vez que você não pode fazer isso nos trades ao vivo, você não deve usar esse recurso durante os trades de papel.

Leve o seu trade de papel a sério e trate-o como se estivesse negociando ao vivo.

Você quer ter certeza de que aprenderá como sair de um buraco depois de alguns trades perdedores.

Você irá cometer erros com o trade de papel, assim como faria com o trade ao vivo, e é melhor cometer esses erros em um simulador do que perder seu dinheiro ganho com tanto esforço.

O importante: Você deve APRENDER com seus erros e certificar-se de não repetí-los, especialmente quando estiver negociando com dinheiro real.

Portanto, mesmo que você já tenha experiência em negociações, eu recomendo enfaticamente "afiar a faca"" em um simulador para ficar mais confiante ao fazer trades de uma estratégia nova, como "The Wheel".

Capítulo 10

Dicas e truques ninjas para "The Wheel"

Você está animado para fazer trades com a estratégia "The Wheel"?

Eu aposto que você está!

Porque a estratégia "The Wheel" dá a você uma vantagem no mercado e, quando feita corretamente, é uma "estratégia onde não se perde" - quase!

No entanto, quando NÃO executada corretamente, você pode experimentar algumas perdas significativas.

Então, deixe-me dar algumas dicas e truques Ninja para fazer trades com a Estratégia "The Wheel" e alguns avisos!

Dica Ninja Nº 1: A pergunta mais importante

Ao negociar "The Wheel", aqui está a pergunta mais importante a se fazer:

"Eu teria as ações pelo preço de exercício?"

Lembre-se sempre de que existe o risco de ser exercido.

Se a ação se mover abaixo do *Strike* da *Put* que você vendeu, você será forçado a comprar a ação no preço do *Strike*.

Então você está tranquilo em possuir as ações nessa faixa de preço?

Se a resposta for SIM, prossiga.
Se a resposta for NÃO, passe para a próxima ação.

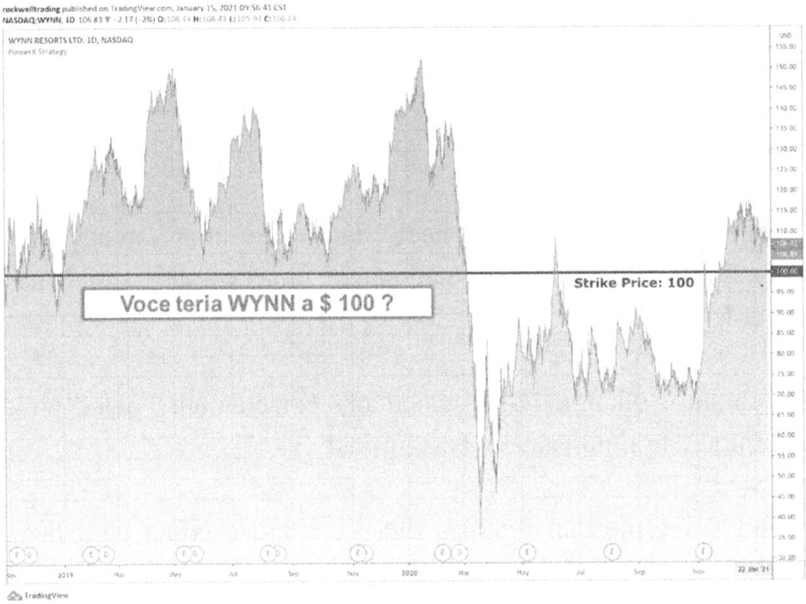

Dica Ninja Nº 2: Se for bom demais para ser verdade ...

Às vezes, você verá GRANDES oportunidades.

Dê uma olhada na Novavax (NVAX):

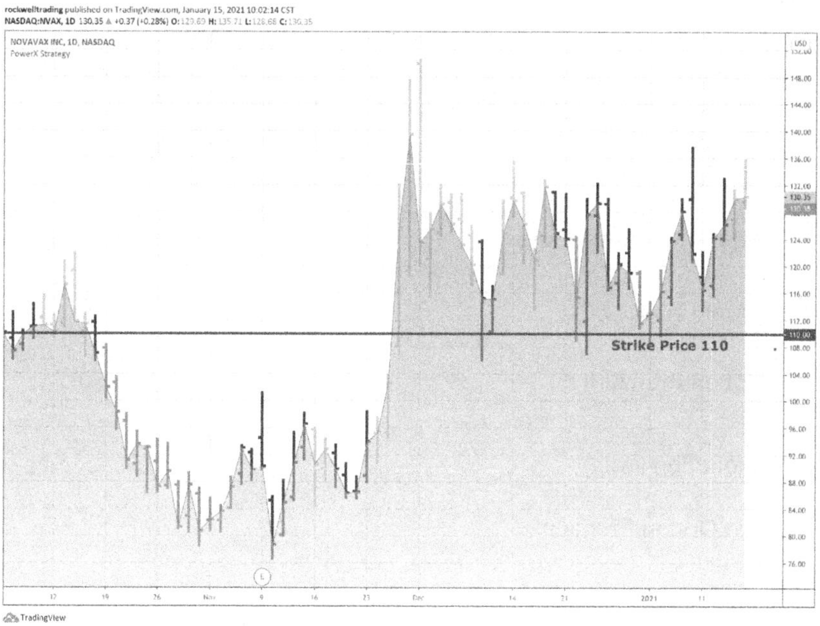

Há muito prêmio nas *Puts* no *Strike* \$100 que expira em 7 dias.

Na verdade, há tanto prêmio que nossa Calculadora “The Wheel” mostra um retorno anualizado de 71%!

	Stock 1
Stock	**NVAX**
Stock Price ($)	130.57
Step 1: Selling Puts	
Option Strike Price	110.00
Option Premium ($)	1.70
Expiration (date)	Jan 22, 2021
Min Option Premium	0.72
Max Option Premium	0.96
Drop in %	16%
# Options to Trade	9
Premium Collected ($)	1,530
Days to Expiration (DTE)	7
Premium Per Day ($)	191
$ Needed to Buy Stock	99,000
Premium Annualized	71%

Como você pode ver, a Calculadora "The Wheel" está destacando isso em AMARELO.

Este é um sinal de alerta!

Você deve esperar retornos anualizados entre 30% e 40%.

Quando você vê 71% destacado em amarelo, significa que você precisa verificar tudo para ter certeza de que não perdeu nada.

E com certeza:

Uma rápida pesquisa no Google revela que Novavax (NVAX) está trabalhando em uma vacina contra o Coronavírus:

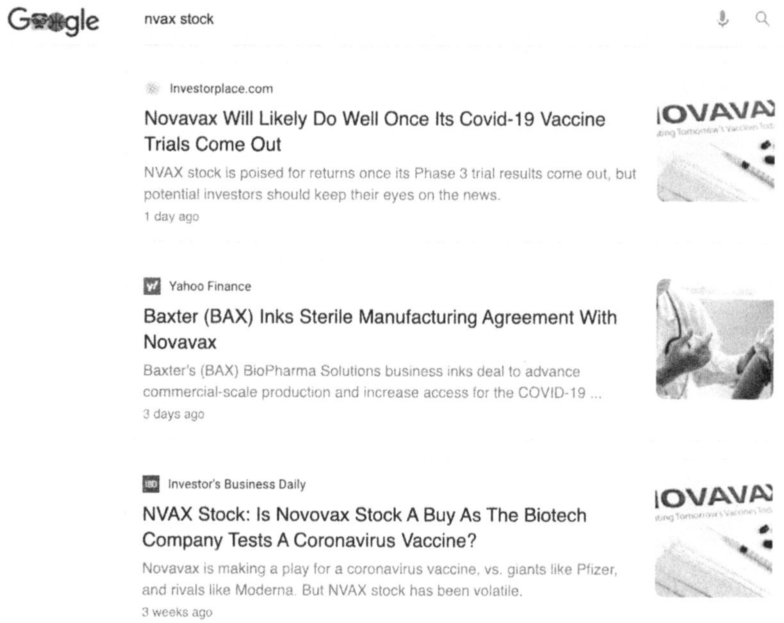

E sim, SE os testes forem bem, então Novavax pode ganhar muito dinheiro com a vacina.

Mas, se o teste falhar, esse resultado pode levar a Novavax a uma queda acentuada.

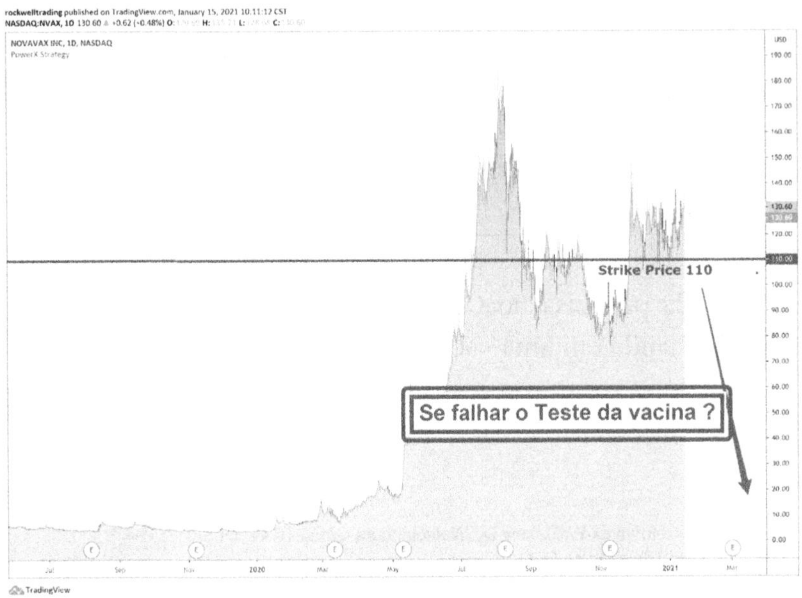

Como você pode ver, o NVAX estava sendo negociado em torno de $4-6 até alguns meses atrás.

Portanto, um teste com falha pode enviar o NVAX a esses níveis novamente.

Você realmente deseja possuir o NVAX a $100 se cair para $4-6?

Sempre tenha em mente: Se é bom demais para ser verdade, pode ser que seja.

Dica Ninja Nº 3: Faça trades com vencimentos semanais.

Você pode fazer trades com opções que expiram semanalmente ou mensalmente.

Você encontrará oportunidades nos dois tipos de opções.

Eu pessoalmente prefiro negociar opções semanais porque me dá maior flexibilidade.

Eis o motivo:

Digamos que o preço de uma ação feche abaixo do preço de *Strike* no vencimento e você está sendo exercido.

De acordo com as regras, você agora venderia uma *Call.*

Com Opções Semanais, você pode vender uma *Call* que expira no final da semana. E se o preço das ações fechar ACIMA do preço de *Strike*, suas ações serão entregues, você está ganhando dinheiro e pode girar a roda (“The Wheel”) novamente e entrar no próximo trade.

Com as Opções Mensais, no entanto, você ficará preso no trade pelas próximas 4 semanas, até que as *opções* mensais expirem.

E é muito mais difícil prever o que uma ação fará nas próximas 4 semanas do que tentar prever o que a ação provavelmente fará em 5 dias.

Portanto, eu recomendo fortemente que você se atenha às opções SEMANAIS ao fazer trades da estratégia “The Wheel”.

Dica Ninja Nº 4: A mentalidade certa

A estratégia de trade “The Wheel” é uma estratégia com uma porcentagem de vitórias incrivelmente alta.

Tenho feito dezenas e dezenas de trades com a “The Wheel” e, até agora, só tive uma negociação perdida (bate na madeira !!!)

Portanto, meu percentual de vitórias está acima de 99%.

Não conheço nenhuma outra estratégia de negociação que ofereça esse tipo de percentual de vitórias.

É muito fácil se deixar levar pela simplicidade e eficácia dessa estratégia.

Mas como trader, você deve se manter atento e manter estas 3 coisas em mente:

1. **Somente faça trades com uma vantagem**

   Conheça seus números!

   Não faça trades baseados em palpites ou apenas jogue dinheiro no mercado e *espere* que tudo dê certo. Pratique, teste e verifique sua estratégia antes de arriscar dinheiro.

   Isso não apenas o tornará lucrativo, mas também lhe dará confiança em suas negociações. Ter uma vantagem durante a negociação irá resolver muitos dos medos que os traders experimentam em um momento ou outro, especialmente o medo de perder dinheiro.

   A Estratégia "The Wheel" é uma estratégia testada e verificada que lhe dará essa vantagem. É uma estratégia de alta probabilidade testada no tempo, com uma taxa de vitória de mais de 95%, tornando difícil perder quando implementada corretamente.

   Mas reserve um tempo para aprender a estratégia e testá-la em um simulador para ficar confortável e confiante com a estratégia, caso contrário, você pode perder muito dinheiro!

2. **Aceite que tudo pode acontecer em um trade**

As perdas são parte do negócio.

Se você ainda não aceitou isso, respire fundo e faça isso agora. Porque mesmo que você tenha uma vantagem, as perdas ainda fazem parte do trade.

Há momentos em que, não importa o quão disciplinado você seja, ou quão bom você se torne na leitura de gráficos ou na seleção de ações, haverá coisas fora do seu controle. Você não tem controle sobre as notícias que podem surgir. Aceitar que haverá momentos em que as coisas não funcionarão, ajudará você a manter o equilíbrio quando um tweet ou manchete arruinar um trade.

Só podemos controlar se é uma perda "boa" ou uma perda "ruim".

Uma "boa perda" é quando você seguiu e executou seu plano perfeitamente, ou seja, você fez o melhor que pôde ao encontrar a ação certa, escolheu o preço de exercício certo, garantiu que havia prêmio suficiente e executou a negociação de acordo ao seu plano. Contanto que VOCÊ fez tudo certo, mas a negociação resultou em perda porque a ação enlouqueceu, esse tipo de perda é uma perda "boa".

Uma "perda ruim" é o resultado de não seguir seu plano de negociação. Se você tiver uma perda porque não executou seu plano corretamente, essas são perdas nas quais VOCÊ ESTÁ no controle.

Se, por exemplo, você teve prejuízo porque ficou muito ganancioso e escolheu um preço de exercício muito próximo do preço atual, então você não estava seguindo seu plano. Ou talvez você não tenha sido disciplinado o suficiente. Ou você não seguiu seu plano e, em vez disso, deixou que as emoções orientassem suas decisões.

Se você sofrer uma perda como resultado desses motivos, isso é considerado uma perda "ruim".

3. **Saiba que é um jogo de números!**

A Estratégia "The Wheel" oferece uma vantagem. Use-a a seu favor !

É tudo uma questão de visão geral, não sobre o que acontece em um único dia. Com o tempo, as probabilidades trabalharão a seu favor.

Os cassinos perderão muito dinheiro de vez em quando para um jogador em uma maré de sorte, mas a razão pela qual os cassinos ainda são tão lucrativos é que eles sabem que com o tempo irão obtê-lo de volta. Eles não podem controlar o resultado de uma única mão, em um único dia ou semana, mas com o tempo a matemática funciona e eles obtêm lucro ano após ano.

Pense em você como "A Casa" de um cassino. As chances estão sempre a favor da Casa. Se você seguir e executar sistematicamente uma estratégia de trade sólida, as chances gerais também estarão a seu favor. Pense nos traders que não fazem trades com uma estratégia ou fazem trades com a mentalidade típica de apostadores de cassino. E mesmo que de vez em quando um jogador possa ter sorte e ganhar muito, no longo prazo ele perderá para a Casa.

Outra maneira de pensar sobre isso é olhar para os jogadores de pôquer profissionais.

Os jogadores de pôquer profissionais conhecem suas probabilidades. E eles jogam suas mãos com base nas probabilidades, não com base em suas emoções. Eles não permitem que suas emoções dominem e cometam erros.

Eles irão desistir de uma mão no segundo em que souberem que as probabilidades estão contra eles, em vez de segurar a mão até o final na esperança de acertar uma carta remota.

Eles se apegam a uma estratégia exatamente como os traders profissionais. Eles calculam as probabilidades de acertar uma carta de que precisam e comparam essas probabilidades com o dinheiro no pote (porcentagem de quanto eles ganharão em comparação com quanto custará para eles permanecerem em uma mão).

E é isso que fazemos como traders profissionais:
Temos uma vantagem, conhecemos nossas probabilidades e usamos essa vantagem a nosso favor.

E tanto os traders profissionais quanto os jogadores profissionais de pôquer praticam uma gestão de dinheiro sólida. Um jogador profissional de pôquer sabe o máximo que pode perder em um único jogo, ou com que porcentagem do lucro ele deve sair.

Da mesma forma, um trader profissional sabe o valor máximo que pode comprometer em uma única posição e com qual percentual de ganhos deve sair e realizar lucros

Mais importante ainda, os dois sabem que é um jogo de números.

Para resumir, esses são três princípios importantes para uma mentalidade de trade adequada.

Sempre faça trades com vantagem. Se você não tem confiança em sua vantagem, ou se não acredita que tem uma vantagem, então é hora de voltar à prancheta, praticar negociações em um simulador ou identificar pontos fracos. Se você está negociando com a estratégia "The Wheel", esta já é uma estratégia testada pelo tempo, então, se você não estiver vendo resultados, volte e certifique-se de que está aplicando a estratégia corretamente e faça ajustes se necessário.

Aceite que tudo pode acontecer, então se você tem uma conta de $5.000, não faça algo como colocar $2.500 em um trade onde você poderia perder metade de sua conta em um trade só porque você ACHA que os mercados vão fazer algo.

Finalmente, saiba que fazer trades é um jogo de números. Você precisa aceitar que ganhar ou perder em um trade individual ou em uma série de trades não nos exaltará ou destruirá.

Como se trata de um jogo de números, fazer trades com vantagem nos tornará lucrativos ao longo do tempo.

Quando você aborda os trades com a mentalidade adequada, na verdade fica animado para o próximo trade mesmo após uma perda, em vez de sentir medo sobre o potencial de outro trade perdedor.

Dica Ninja Nº 5: As ferramentas certas

Existem 3 pilares para um trade bem-sucedido:

1. **Uma estratégia comprovada**,
2. **Ferramentas profissionais,**
3. **A mentalidade certa**.

Você já conhece uma estratégia de trade comprovada que lhe dá uma vantagem. E nas páginas anteriores falamos sobre a mentalidade certa.

Então, vamos falar sobre ferramentas profissionais por um momento:

Ferramentas profissionais tornam sua vida mais fácil e eliminam erros.

Pense desta forma: Ao fazer trades, você está negociando contra as mentes mais brilhantes do mundo! Você está negociando contra traders profissionais que usam ferramentas sofisticadas para examinar os mercados, encontrar as melhores oportunidades, calcular suas chances e executar os trades.

Se você não tiver as ferramentas certas, é como tentar vencer uma corrida da *Fórmula 1* correndo de *jegue*!

Você não tem chance. Não importa o quão bem você consiga pilotar jegues. Se você está tentando competir contra pilotos profissionais em carros de corrida sofisticados que foram ajustados para a pista, as condições da estrada e ao piloto, você NUNCA ganhará.

Eu, pessoalmente, NUNCA faria trades sem minha ferramenta PowerX Optimizer.

Se você quiser ganhar "o jogo dos jogos", recomendo enfaticamente que dê uma olhada no PowerX Optimizer.

Fiz um vídeo para você, no qual mostro como eu uso essa ferramenta nos meus trades todos os dias, para encontrar as melhores oportunidades e tomar as melhores decisões.

Você pode assistir ao vídeo aqui: myTradingRoutine.com
É isso aí!

- Agora você conhece uma estratégia de trade comprovada que lhe dá uma vantagem no mercado.
- Você sabe as etapas exatas a serem seguidas para encontrar trades altamente lucrativos.
- Você sabe como recuperar um trade que está em apuros.
- Você conhece a mentalidade certa para fazer trades.
- E você sabe onde encontrar as melhores ferramentas para os seus trades.

Neste ponto, é uma questão de AGIR e COMEÇAR.

Nada acontecerá a menos que você use as técnicas e estratégias que lhe dei para começar a fazer trades.

Faça trades em um simulador primeiro!

Ganhe experiência e veja por si mesmo o quão poderosa é essa estratégia.
Quando estiver confortável com a estratégia, comece a fazer trades com dinheiro real.

Eu adoraria ouvir de você sobre o seu sucesso!

Tudo de bom em seus trades,

- Markus

Capítulo 11

O que fazer quando o mercado quebra

Uma das perguntas mais frequentes em torno dessa estratégia é:

"O que você faz quando vende uma Put e o mercado está quebrando?"

Neste capítulo, falaremos sobre isso em detalhes.

Ao vender *Puts*, existe a possibilidade de você ser exercido. E é aqui que pode ficar arriscado se você não souber o que está fazendo.

Então, o que exatamente é ser exercido, especialmente ao vender *Puts*?

Exercício significa que o vendedor do contrato de opções (VOCÊ) tem a obrigação de cumprir o contrato COMPRANDO as ações ao Preço de Exercício (*Strike*) do contrato de opções no vencimento, se o comprador do contrato de opções decidir exercê-lo.

E o comprador exercerá o direito de VENDER a ação pelo preço de exercício *(Strike)* se a ação fechar ABAIXO do preço de exercício no vencimento.

Aqui está um exemplo:

Digamos que você vendeu uma *Put* de UBER com um S*trike* de $30.

Isso significa que o comprador desta *Put,* pode forçá-lo à COMPRAR 100 ações da UBER à $30. Portanto, ele VENDERIA 100 ações da UBER por $30.

E se a ação estiver sendo negociada a um preço inferior, digamos $29, ele pode COMPRAR 100 ações da UBER no mercado por $29 e vendê-las à você por $30. Portanto, ele teria um lucro de $1 por ação = $100.

É quase certo que o comprador da *Put* que você vender, a exercerá se o preço da ação estiver abaixo do *Strike* no dia do vencimento.

Como você sabe, comprar ações exercidas faz parte do "The Wheel", porque agora você pode vender *Calls* contra as ações que possui (consulte o Capítulo 8).

Só há um problema:

Se uma ação se mover fortemente para baixo, você poderá ter uma grande perda não realizada. E você pode não conseguir obter nenhum prêmio ao tentar vender *Calls*.

Aqui está um exemplo:

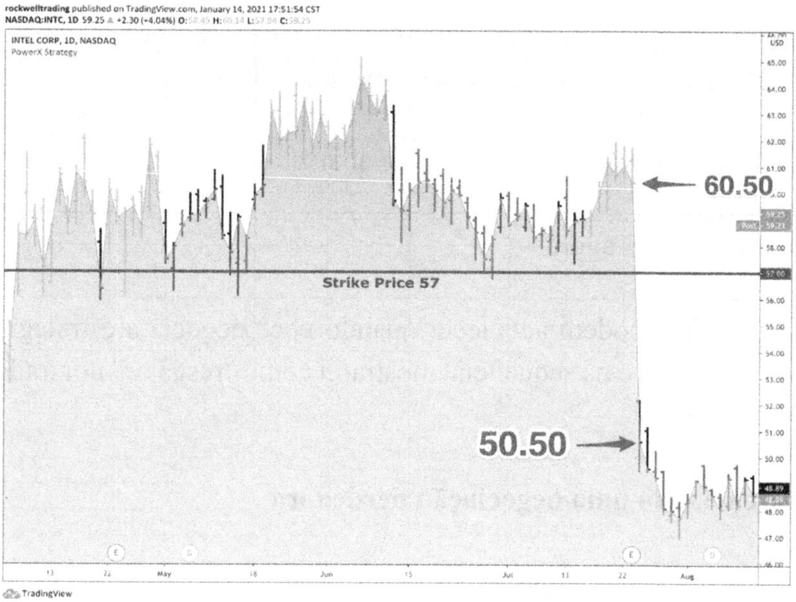

Intel (INTC) estava sendo negociada na faixa entre $57 e $63.

Havia um suporte sólido à $57, e você pode ter ficado tentado a vender uma *Put* no nível do $57.

(Vamos supor por um momento que você se esqueceu completamente da regra “Não faça trades com data de divulgação de resultados próxima!")

No dia anterior ao relatório de ganhos da INTC, a ação fechou a $60,50.

E no dia seguinte, a ação caiu maciçamente, e fechou em $50,50.

Nesse caso, você poderia ter sido forçado a COMPRAR 100 ações da INTC a $57.
E agora elas valem apenas $50,50, então você está perdendo $6,50 por ação. Isso representa $650 para cada 100 ações que você possui!

Como a ação caiu drasticamente, você não receberá nenhum prêmio para *Calls* com preços de exercício de $57 e acima.

Então você foi pego com as calças abaixadas.

O que você faz agora?

Essas coisas podem acontecer quando você negocia a estratégia “The Wheel”, e na sequência, mostrarei como “resgatar” um trade como este.

Gerenciando uma negociação perdedora

Sim, aconteceu comigo:

Eu vendi uma *Put* na TQQQ, à um preço de exercício de $150, pouco antes de essa ação cair 39%!

Para entender como gerenciar um trade perdedor, irei guiá-lo por cada transação que fiz para reverter esse trade: De uma perda de $4.000 para um lucro de $2.500!

Vamos começar:

Em 3 de setembro, eu vendi **1** *Put* de TQQQ com vencimento em 4 de setembro com *Strike* de $150. Recebi $0,66 de prêmio, ou seja, $66.

Em 4 de setembro, TQQQ fechou em $141,64, e recebi 100 ações da TQQQ a um preço de %150.

Em 8 de setembro, TQQQ fechou em $121,44 e estou perdendo $2.856. Essa doeu!

A “boa notícia”:

Recebi $66 em prêmio quando vendi a *Put,* e posso manter esse prêmio de qualquer maneira. Portanto, minha "base de custo" das ações TQQQ é $150 - $0,66 = $149,34.

Portanto, estou "apenas" perdendo $2.856 - $66 = $2.790. 😛

Seguindo em frente ...

Em 10 de setembro, TQQQ subiu um pouco mais, e consigo vender a *Call* de *Strike* $150 com vencimento em 18 de setembro por $2,10.

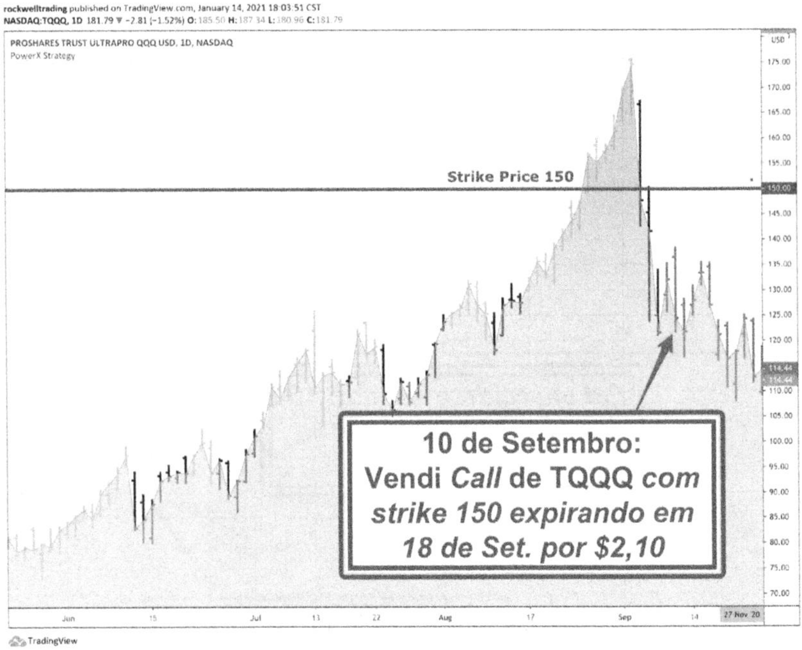

Apenas um dia depois, em 11 de setembro, consegui comprar esta *Call* de volta por $0,37, então ganhei $2,10 - $0,37 = $1,73.

Portanto, consegui reduzir minha base de custo da ação em mais $1,73.

Como posso manter o prêmio das opções que vendi independentemente do que a ação faça, minha base de custo agora é $147,61.

Enquanto TQQQ ficar abaixo de $147,61, estou perdendo dinheiro.
Mas se TQQQ for acima de $147,61, eu começaria a ganhar dinheiro.

Em 15 de setembro, TQQQ subiu um pouco mais, e eu consegui vender outra *Call* de *Strike* $150 com vencimento em 18 de setembro por $0,45.

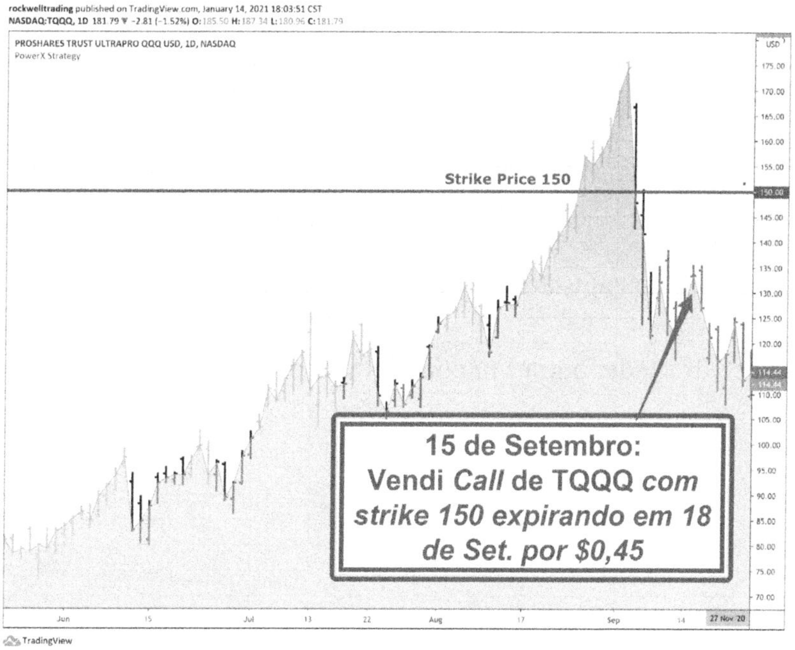

E 2 dias depois, em 17 de setembro, eu consegui recomprar a *Call* por $0,05.

Portanto, meu lucro é de $0,45 - $0,05 = $0,40, e posso reduzir minha base de custo da ação para $147,61 - $0,40 = $147,21.

TQQQ ainda tem um longo caminho a percorrer antes de eu começar a ganhar dinheiro novamente.

Por enquanto, ainda estou submerso e preciso continuar vendendo prêmios para sair desse buraco.

Mas se TQQQ ultrapassar minha nova base de custo de $147,21, eu ganharia dinheiro.

Infelizmente, TQQQ tinha outros planos....

Vendendo mais *Puts*

Em 18 de setembro, TQQQ fechou em $116,48. Esta é a direção errada!

Portanto, estou ajustando meu plano:

Eu decidi vender outra *Put* com um preço de *exercício* de $100.

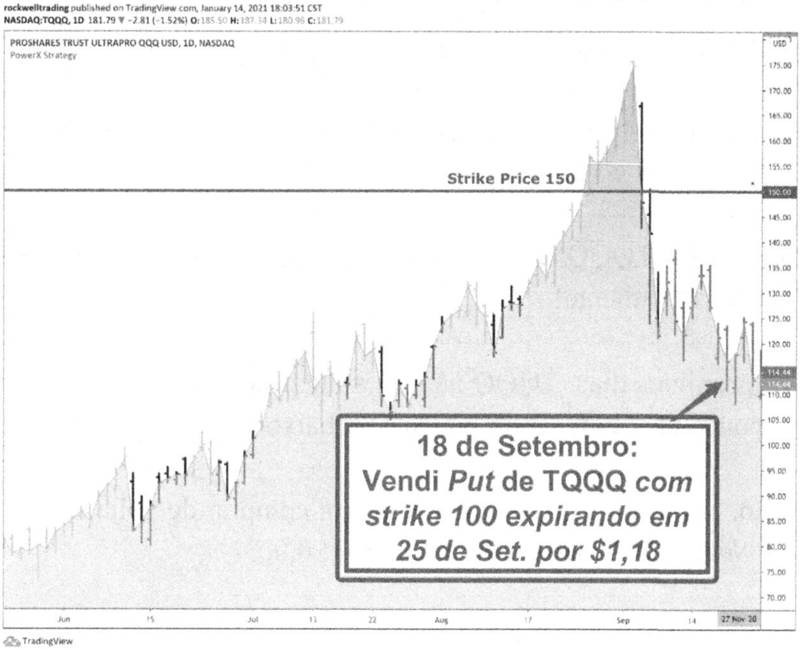

Aqui está o meu raciocínio:

já possuo 100 ações a um preço de $150.
Se TQQQ ficar abaixo de $100, eu receberia outras 100 ações à $100.
Então, eu teria 100 ações à $150 e 100 ações à $100.

Isso significa que meu preço médio pelas ações é ($150 +$100) / 2 = $125.

E eu já recebi alguns prêmios:

Originalmente, eu recebi $0,66 ao vender *Puts* dos $150
Recebi outros $1,73 quando vendi *Calls* dos $150.
E mais $0,40 para vender outra *Call.*
Agora vendi uma *Put* com *Strike* 100 e recebi $1,18 de prêmio.

Portanto, o prêmio total que recebi até agora é de $0,66 + $1,73 + $0,40 + $1,18 = $3,97.

Ao subtrair isso do meu preço médio de ação de $125, chegou a $125 - $3,97 = $121,03.

Portanto, se TQQQ ultrapassasse $121,03, eu começaria a ganhar dinheiro novamente!

Nos próximos dias, TQQQ não foi a lugar nenhum: Se movendo um pouco para cima e um pouco para baixo.

Então, em 25 de setembro, eu consegui comprar de volta as *Puts* com *Strike* 100 que vendi a $1,18 por $0,06.

Meu lucro com esta *Put* é $1,18 - $0,06 = $1,12.

Como não fui exercido, minha base de custo ainda é $147,21. Mas, como ganhei mais dinheiro vendendo o prêmio, minha base de custo agora é $147,21 - $1,12 = $146,09.

Estou lentamente trazendo meu ponto de equilíbrio cada vez mais para baixo....

Em 25 de setembro, decidi vender outra *Put* com *Strike* $100 com vencimento em 2 de outubro por $2,40.

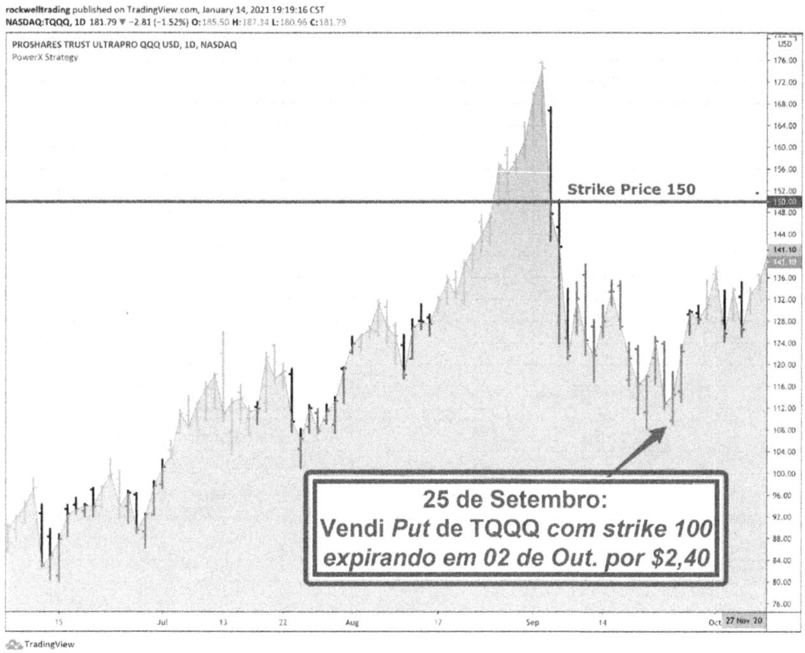

Apenas 3 dias depois, em 28 de setembro, posso comprar de volta essa *Put* por $0,24. Portanto, meu lucro é $2,40 -$0,24 =$2,16.

Com esse lucro, estou reduzindo minha base de custo para $146,09 - $2,16 = $143,93.

Vendendo *Calls* novamente

Nos próximos dias, o TQQQ aumentará um pouco.

Não alto o suficiente para eu sair dessa negociação, mas alto o suficiente para eu ser capaz de vender *Calls* novamente.

Em 1º de outubro, consigo vender uma *Call* com *Strike* $150 com vencimento em 9 de outubro por $1,57.

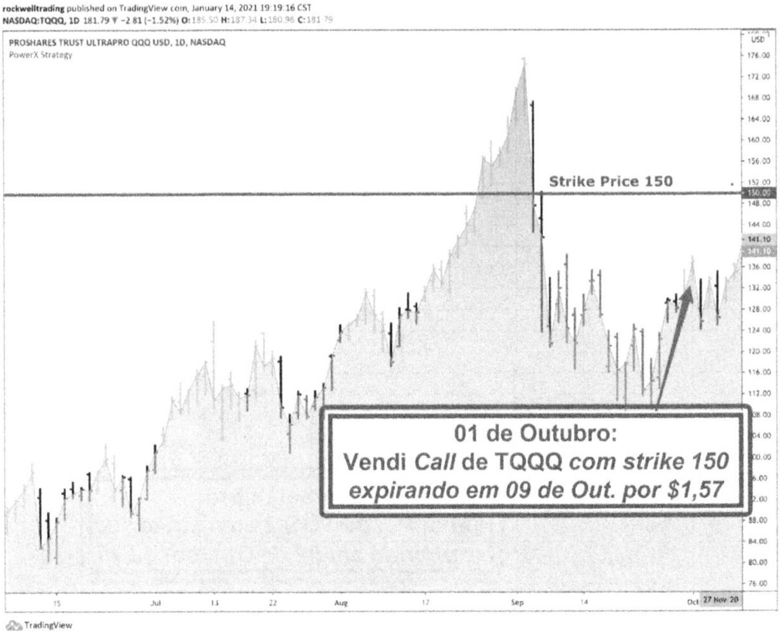

Alguns dias depois, em 6 de outubro, consigo recomprar esta *Put* por $0,15.

Meu lucro é $1,57 - $0,15 =$1,42 e minha nova base de custo é $143,93 - $1,42 = $142,51.

Como você pode ver, é preciso paciência para sair do buraco, mas é possível!

Aqui está o que aconteceu a seguir:

TQQQ está subindo!

E em 9 de outubro, consegui vender a *Call* com *Strike* $150 com vencimento em 16 de outubro por $1,40.

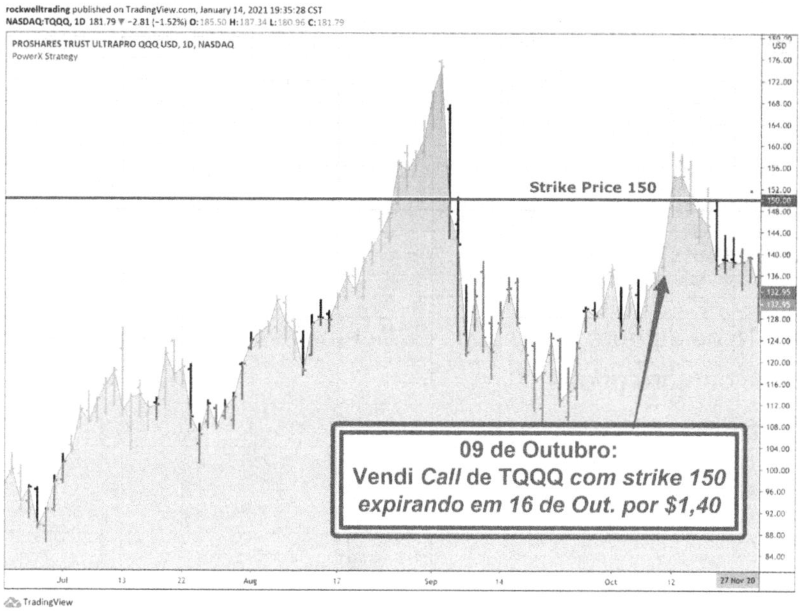

E então finalmente acontece:
TQQQ sobe acima de $150!

Mas lembre-se: o TQQQ precisa fechar acima de $150 em 16 de outubro (dia de vencimento). Se ele se mover para baixo novamente, as *Calls* expiram sem valor.

E foi o que aconteceu: TQQQ ficou acima de $150 até 14 de outubro, apenas 2 dias antes do vencimento.

Mas em 16 de outubro, o TQQQ está abaixo de $150 novamente, então ainda não estamos fora de perigo.

No entanto, podemos recomprar nossa *Call* por $0,40 e lucramos $1,40 - $0,40 = $1,00.

Nossa base de custo agora é $142,51 - $1,00 = $141,51!

Neste ponto, eu poderia sair deste trade com um pequeno lucro! E esta deveria ser a coisa inteligente a se fazer.

Mas eu estive neste trade por mais de um mês. Ainda estou *Bullish* com TQQQ (que representa a NASDAQ), e estou determinado a lucrar mais neste trade!

Em 16 de outubro, vendi uma *Call* com *Strike* $155 expirando em 23 de outubro por $4.00.

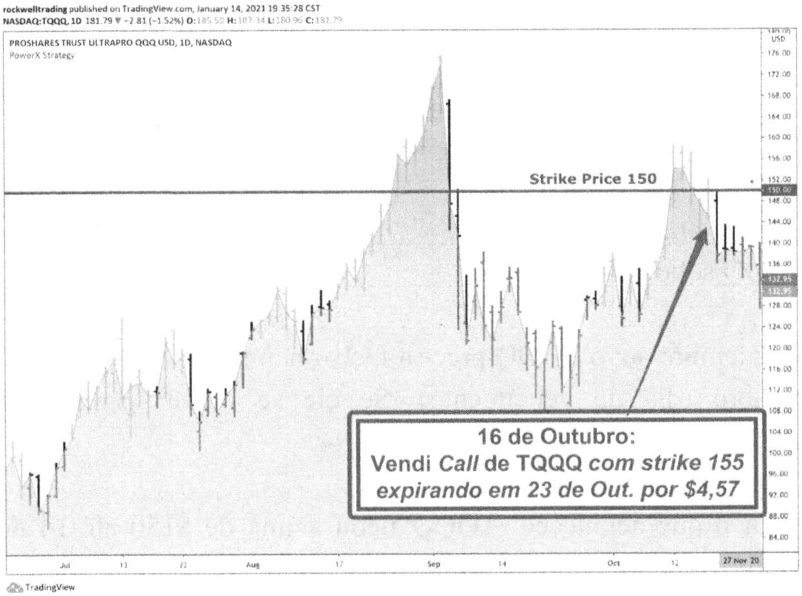

E 4 dias depois, em 20 de outubro, consigo recomprar esta *Call* por $0.40, e lucrando $4.00 - $0.40 = $3.60.

Minha base de custo agora é $141.51 - $3.60 = $137.91.

Em 21 de outubro, vendi uma *Call* com *Strike* $150 expirando em 30 de outubro por $4.80.

TQQQ está caindo novamente!!!!

Talvez eu devesse ter sido esperto e encerrado o trade com um pequeno lucro quando podia ? - DROGA!

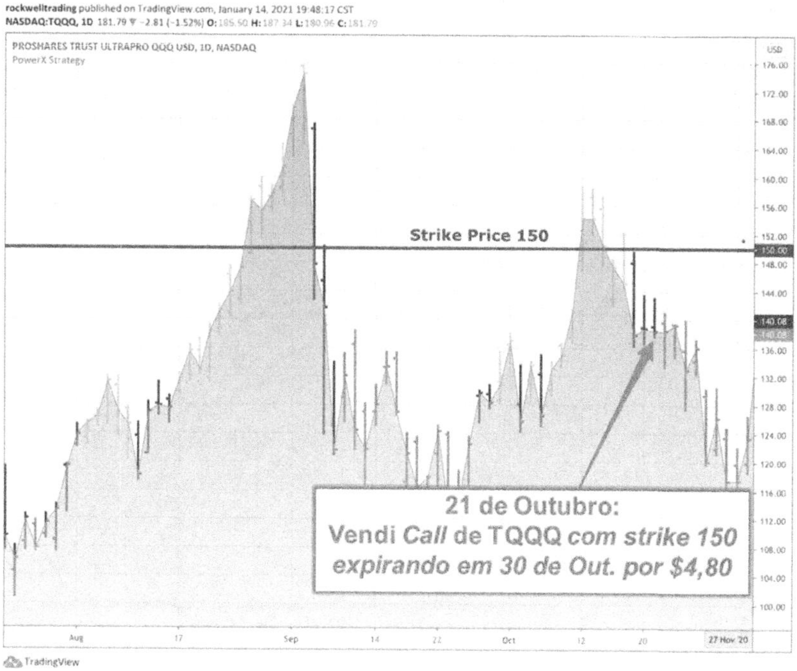

Uma vez que TQQQ está caindo, eu consigo recomprar esta *Call* em 27 de outubro por $0.45.

Eu lucrei mais $4.80 - $0.45 = $4.35. Minha base de custo agora é $137.91 - $4.35 = $133.56. Se TQQQ subir acima de $133.56, eu conseguiria lucrar!

Vendendo *Puts* - de novo!

O TQQQ continua caindo, e eu não consigo mais receber o prêmio de *Calls*.

Sou forçado a vender *Puts* - de novo!

Portanto, em 30 de outubro, estou vendendo uma *Put* no *Strike* $100 com vencimento em 6 de novembro.

Será que um dia eu serei capaz de sair deste trade ???

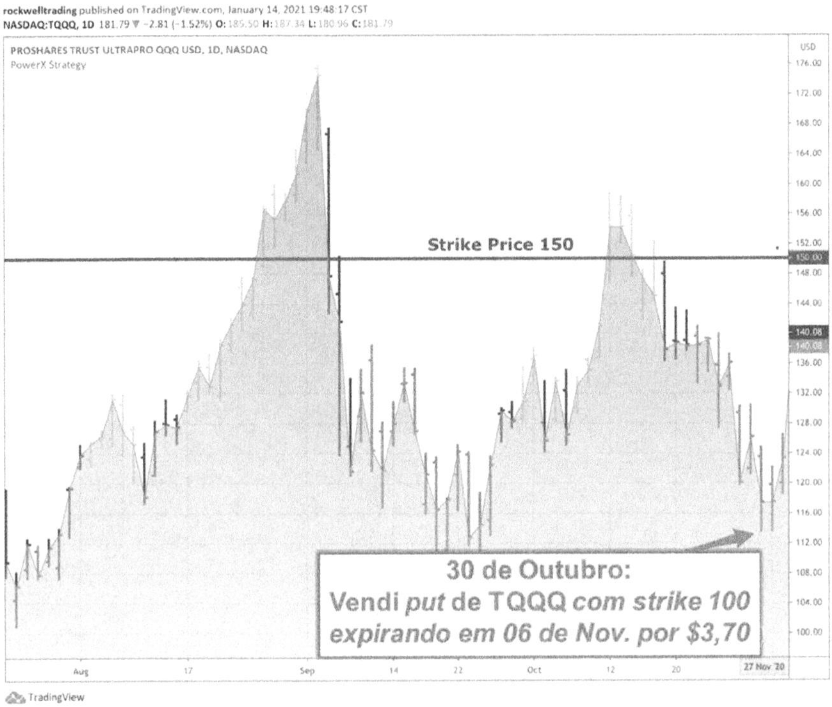

Em 3 de novembro, consigo recomprar esta *Put* por $0,83 com lucro de $3,70 - $0,80 = $2,90. Isso me ajuda a reduzir minha base de custo para $133,56 - $2,90 = $130,66.

Finalmente: Vendendo *Calls*- pela última vez?

Nos próximos dias, o TQQQ aumentará novamente e posso vender mais *Calls*.

Como minha base de custo está agora em $130,66, não preciso mais vender *Calls* com *Strike* $150. Posso vender qualquer *Strike*, desde que esteja acima da minha base de custo.

Em 4 de novembro, decidi vender a *Call* com *Strike* $148 com vencimento em 13 de novembro por $2,45.

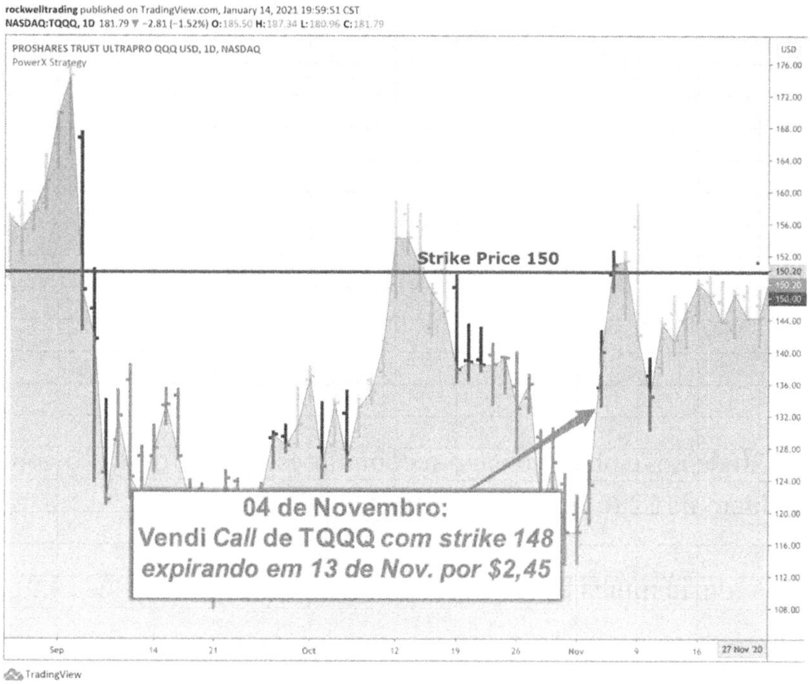

Em 13 de novembro, consigo recomprar esta *Call* por $0,10. Meu lucro é $2,45 - $0,10 = $2,35, e minha base de custo agora é $128,31.

No mesmo dia, 13 de novembro, consigo vender a *Call* com *Strike* $150 com vencimento em 20 de novembro por $2,60.

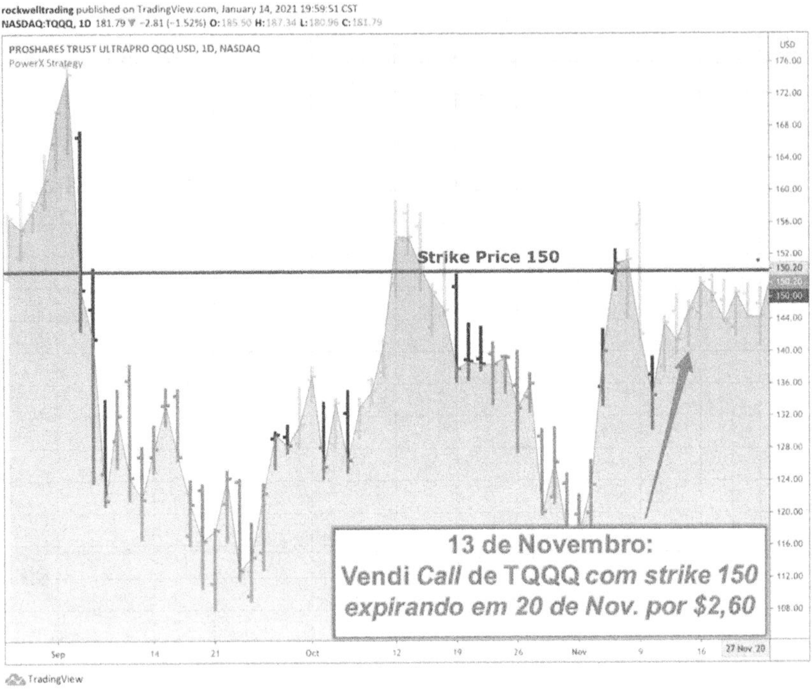

Em 20 de novembro, consigo recomprar esta *Call* por $0,20 com um lucro de $2,60 - $0,20 = $2,40.

Isso reduziu minha base de custo para $128,31 - $2,40 = $125,91.

No mesmo dia, consegui vender a Call com strike 150 com vencimento em 27 de novembro por $ 3,50.

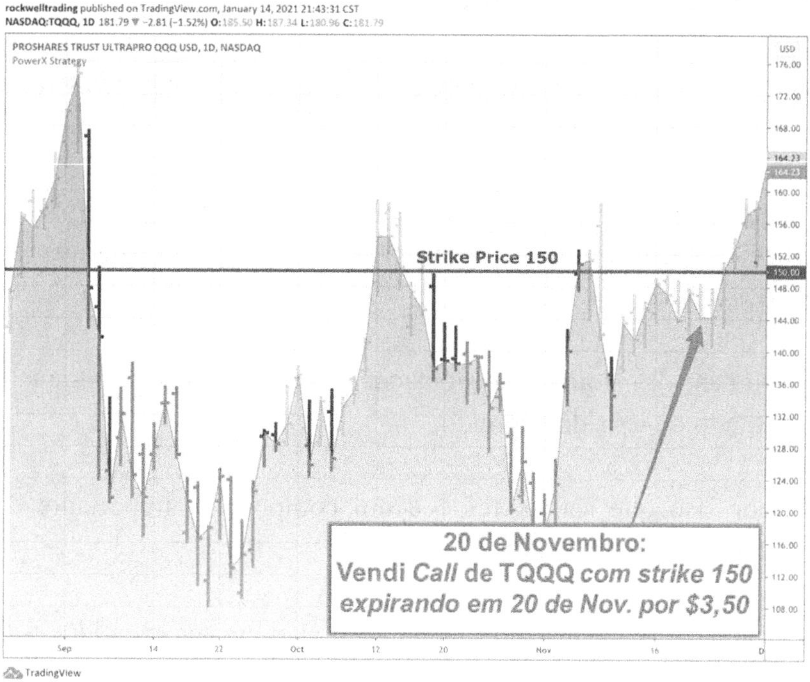

E 7 dias depois...
em 27 de novembro
...depois de 82 dias
...TQQQ fechou acima de $150 e minhas ações foram embora.

Não ganhei nenhum dinheiro com as ações em si, pois as comprei por $150 e as vendi posteriormente, por $150.

Mas recebi **$ 2.759 em prêmio**, por vender *Calls* e *Puts* sistematicamente,
Reverti com sucesso um trade que estava com problemas,
Um trade em uma ação que despencou 39% depois que entrei,
Um trade que em algum momento tinha perda não realizada de $4.190 ...

...e encerrou com $2.759 nos lucros.

Ser exercido faz parte do plano

Ser exercido é uma das coisas que os traders de opções mais temem.

Mas, na realidade, não é nada com que você deva se preocupar SE você entender o que isso significa e tiver um plano para quando isso acontecer.

Algumas das minhas negociações mais lucrativas foram o resultado de ter sido exercido.

É por isso que ser exercido é um componente importante da Estratégia "The Wheel".

Portanto, se você não se sentir confortável em ser exercido, essa estratégia pode não ser para você.

Mas se você reservar um tempo para aprender a estratégia, seguir as etapas descritas neste livro e praticá-la, você pode se divertir muito com essa estratégia de Trade!

Recursos Bonus

Temos algumas ferramentas e recursos muito legais para você.

Criamos uma página onde você pode acessar todas essas ferramentas e a atualizamos com frequência.

WheelStrategyBook.com/bonus

Nesta página, você encontrará:

- O software de gráficos que eu uso pessoalmente
- A ferramenta que encontra para você os melhores trades para "The Wheel" - automaticamente
- A corretora que eu uso para negociar"The Wheel"
- Vídeos com atualizações, mais dicas e truques,
- … e muito mais!

Acesse agora para obter os recursos adicionais que temos para você:

WheelStrategyBook.com/bonus

A Estratégia PowerX - Uma Estratégia de Negociação Poderosa para Ações e Opções

A Estratégia PowerX é uma estratégia de *Swing* Trade sistemática, repetível e consistente para Ações e Opções.

Esta estratégia baseada em tendências pode ser negociada em mercados de alta ou de baixa, com ações ou opções.

Usando um sistema de gerenciamento de dinheiro testado pelo tempo, ela elimina a possibilidade de perdas destrutivas de conta, quando implementado corretamente.

Você pode começar com apenas $5.000 para negociar *opções* e $10.000 se quiser negociar *ações*.

Esta poderosa estratégia de crescimento requer apenas 15-20 minutos por dia, sem ter que se sentar na frente do computador, observando cada tick de um gráfico.

Com a Estratégia PowerX, procure um ROI de 60% sem uma conta de margem e um ROI de 100-120% com uma conta de margem.o

Como você verá, mesmo com uma taxa de vitória pior do que 50%, você ainda pode ser lucrativo usando a Estratégia PowerX. Se você está procurando uma ótima maneira de aumentar sua conta de trade, encontrou a estratégia certa.

Obtenha uma cópia de capa dura grátis do meu livro mais vendido da Amazon, The PowerX Strategy, cobrindo apenas $4,95 para remessa e manuseio:
https://www.rockwelltrading.com/powerx

The PowerX Optimizer - Encontre automaticamente as melhores *ações* e *opções* para "The Wheel"

Agora você sabe como a estratégia "The Wheel" é poderosa.

Conforme expliquei nos capítulos anteriores, o maior desafio é encontrar as melhores ações para fazer trades "The Wheel".

E é por isso que eu desenvolvi esta ferramenta que torna tudo mais fácil para você:

O PowerX Optimizer pode ajudá-lo dramaticamente a se tornar um trader bem-sucedido e lucrativo.

Especialmente porque esta é uma das ferramentas mais fáceis que você poderia ter à sua disposição.

Com apenas alguns cliques do mouse, você obtém uma lista de trade "The Wheel" conservadores e agressivos, sem gastar horas de caçando entre milhares de ações. Você obterá os melhores preços de *Strike* e vencimentos para fazer trades.

E a Calculadora "The Wheel" mostra exatamente o que esperar de cada negociação e quando realizar lucros.

Eu nunca faria trades da estratégia "The Wheel" sem esta ferramenta poderosa. Eu a uso todos os dias nos meus trades.

Estamos tornando o Software cada vez melhor e, até agora, eu investi quase $1.000.000 em seu desenvolvimento ... e valeu cada centavo.

Se você gostaria de fazer um tour sem riscos pelo software, você pode agendá-lo aqui para verificá-lo:
https://www.rockwelltrading.com/pxotour

Made in the USA
Monee, IL
04 November 2026

67386403R00095